〈出会い〉の旅

わが師　わが友

宮田光雄

教文館

〈出会い〉の旅――わが師　わが友　目次

Ⅰ　本郷の赤門から杜の都へ

Ⅱ　ヨーロッパ研修の旅

Ⅲ　編集者との出会い

Ⅳ　書評者との交わり

V　付録

I

本郷の赤門から杜の都へ

一麦学寮表札　南原繁　書

（本書20頁参照）

1　南原繁『国家と宗教』との出会い

だれでも、その生涯に忘れがたい〈出会い〉の経験をもたないものはいないであろう。とくに若い日に思想の営みや将来の職業選択のうえで、ためらいや疑いにまつわられた人生の岐路に立って、その後の歩みを規定するような深い影響をうける人格や書物との《出会い》があるものである。私にとって南原先生の『国家と宗教』は、そうした決定的な意味をもつ〈出会い〉の名に価する経験の一つである。

一九四八年に東大に入学して、構内アーケード下の学生用掲示板に張られた夥しい物々交換の張り紙の中に、『国家と宗教』の需要の多いことを見出して驚かされたのであった。戦後のまだ物資の乏しい時代、空腹をかかえて、学生たちの思いは理想主義的に高くあったことをまざまざと思い出す。私は、幸いにも先生の東大における最終年度の政治学史の講義を聞くことを許された世代である。

教室でノートに顔をうずめる学生たちに向かって、先生は、しばしば講壇から、ノートを取るのを止め、「私の精神《ガイスト》」を聞くように、と強く注意されたのが忘れられない。講義の単位取得に心を労するのではなく、むしろ、国家権力に対峙する自由な精神を保持する必要性と重要性とを、しっかり身につけるようにという強いお勧めだった。

それは、精神的緊張を覚えると同時に、共に思想することへの喜びを教えられた時間であった。やがてヨーロッパ精神史にたいする関心を触発され、とくにドイツの政治思想研究を生涯の仕事として選択するようになったのは、敗戦後の混迷の中でこの得がたい〈出会い〉によって決定されたということができる。そして今日なお、私自身、解決を迫られている思想的・政治的な問題関心の多くは、依然として、『国家と宗教』によって提起された方向線上に横たわっているように思う。

政治の世界は、哲学や文学のそれと同じく、人間存在をトータルにとらえることなしには十全な理解に到達しがたいであろう。政治の哲学的究明には精神的自由と人間実存の問題が深く関わるのであり、とくに国家と宗教の内面的折衝が問われるところでは、それは自明と言わなければならない。戦後四半世紀を経て、ふたたびナショナルなものへの回帰が宗教を手懸りとして企てられつつあるかにみえるとき、私たちの世代にとっても、この書物を徹底的に学び直すことを求められているのではなかろうか。

最近、とくに気づかされた点を二、三並べてみよう。

『国家と宗教』は、ヨーロッパ精神史に即して、この主題について、もっとも厳格な原理的検討を加えたものである。それは、第一に、第二次大戦後のヨーロッパ思想界・神学界における世俗化論との関わりで示唆するところが大きいように思われる。とくにドイツにおいて、この〈世俗化〉の概念は、時代診断の上で不可欠なカテゴリーとして登場した。そこでは、いわゆる〈世俗主義〉からはっきり区別して、〈世俗化〉をキリスト教的啓示信仰から要求されたものとみる。むしろ、世俗化が啓示信仰によってはじめて可能になるものとして、それを正当化するのである。ただ、戦後西ドイツの論議では、一方で現代の世俗社会の技術的・経済的発展にたいしてキリスト教の現代的な関わりを強め、他方、西欧統合の進展する中で〈キリスト教的西洋〉の理念に回帰しようとする現実適応的モティーフが強かったことも看過できないところであろう。

これにたいして、『国家と宗教』においては、より深い視点と広い展望とが開かれている。「キリスト教出現の意味」は、古代世界に普遍的な「政治的国家の形而上学化」の傾向に「根本的転回」をあたえ、その「権威信仰」を原理的に打破しえた点に求められる。原始キリスト教は、「超文化的・超理性的」な宗教の本質を提示することによって、かえって古代世界における「精神の純化」と「文化の創造」を包蔵していた。「神の国」を政治的国家から超出させたことは、政治社会の否定ではなく、むしろ、宗教との関連において「地の国」に新しい意義と課題をもたらすものとしてとらえられる。

これは、つまり、世界を真の意味で世俗性たらしめることにおいて、一方では政治に固有な責任と課題とを指定するものと解されないであろうか。それは、また他方では、直接的な〈キリスト教的政策〉を否定して、この世においてこの世のために責任を負う〈成人した〉人間の形成を求めるものであろう。ひいては、〈この世的なもの〉を〈この世的なもの〉として、歴史的なものを歴史的なものとしてみる、この自由は、経験科学の成立を基礎づける条件ということもできよう。深い意味での〈世俗化〉の確立こそ、この世の制度、社会や国家についての社会科学的認識をはじめて可能にする前提となるのである。それは、ウェーバー的意味での〈目的合理性〉の次元を追い求めていく政治学の今後の展開にもつながっているように思われる。

『国家と宗教』の学問的方法と精神が、新カント派的批判主義に立つものであることは、よく知られている。しかし、そのユニークなカント解釈において、とくに注目されるのは、道徳上の「最高善」が徳と幸福の批判的綜合として要請されるのに対応して、「永久平和」を正義と人類の福祉を綜合した「政治的最高善」とみる位置づけ方であろう。永久平和を人類永遠の理性的課題として歴史の理念にまで高め、純粋共和制と普遍的世界秩序の課題を構想する政治哲学は、カント哲学体系全体の「終局」を形づくるものとされるのである。

こうしたカント解釈はまことに啓発的であり、現代世界の平和問題に関心を寄せるものに改めてカントとの真剣な対話を促さずにはいない。じじつ、近来、西欧の平和研究の重要な一環として、その歴史的研究部門においてカント平和論に立ち帰ろうとする新しい動きがあることも見逃しえないところであろう。平和研究の思想的・哲学的基礎づけに取り組むことは、本書の投げかける重要な問いかけの一つである。

しかし、何よりも『国家と宗教』は、ヨーロッパ思想史研究にたいする鋭い問題意識に貫かれたすぐれた成果によって、わが国における西欧研究の在り方について、いわば古典的なモデルを示したものと言わなければならない。たとえば冒頭の章では、ヨーロッパ文化の精神的源泉の一つプラトンについて、その国家論の本来の意義を「合理」主義と「自由」の精神に求め、それを東洋的「教学」や共同体的「帰一」から分かつ本質的メルクマールとする。当時、日本精神への復帰が意識的に強調される中で、一国文化の停滞と衰退とを招く危険を鋭く批判されたのであった。

同じ態度は、巻末の章でナチズムに代表される現代政治の危機を深く世界観的根拠にまで掘り下げた批判的分析にも認められるであろう。ナチズムはヨーロッパ精神伝統からの「決定的離反」としてとらえられる。その近代精神への抗議としての政治理念も、ついに人間の「自己神化」に極まる能動的ニヒリズムたることを暴露される。さらに批判の筆は、こうしたナチズム以上に深化された「日本哲学」の国家信仰の鋭い分析にまで及んでいる。ここには、普遍的な価値原理を踏まえた歴史と現実との厳しい対決なしには真に国民的な文化を創造しえないという思想の営みが、もっとも鮮やかに提示されているであろう。

こうして『国家と宗教』は、批判主義の立場に立って、哲学が宗教的非合理主義に余地を残し、国家が自由の宗教に裏付けられてこそ、はじめて確固たる世界観的根拠を獲得しうるとする。それは、日本近代化の歴史的課題を、ついに未完に終わった近世宗教改革の徹底化の方向に求めるのである。「或る時代または或る国民が、いかなる神を神とし、何を神性と考えるかということは、その時代の文化や国民の運命を決定するものである」（一九五八年改定版「序」）。

こうした日本国民にたいする精神革命の要請は、まさに戦後デモクラシーの定着化のために、それを支える主体的人格の育成を意図するものにほかならない。制度の空洞化や戦後精神の虚妄が口にされることの多い今日、『国家と宗教』のもつ思想的意義は、今後、いよいよ大きくなるであろう。

（『南原繁著作集・月報』一九七二年）

〔書評〕『回想の南原繁』（丸山真男・福田歓一編、岩波書店、一九七五年）

戦後日本の精神的再建に大きな足跡を残した元東大総長南原繁先生が逝《ゆ》かれてすでに一年。本書は、その没後の記念に先生の知己、友人、後進、教え子、さらに家族など一〇〇名余の回想文を集めたものである。それぞれの人にとって得がたい〈出会い〉の中で刻みこまれた先生の生きた人間像が提供され、まことに感銘深い読物となっている。

本書にその一端を偲《しの》ばせる多くの人びととの交流は、先生の多方面にわたる、学者、教育者、さらに歌人としての活躍と無縁ではなかった。とくに敗戦直後、日本の民主化のため「精神革命」の意義を訴えられた国民的指導者としての先生の姿を懐かしく思い起こす読者も少なくないであろう。しかも本書は、僻遠《へきえん》の地まで赴くことをいとわれなかった先生の使命感と、そうした折にふれて知友の人びとの安否を問われた〈愛の人〉としての風貌《ふうぼう》をも伝えてくれる。たとえば処分学生たちとのその後の人間的交流など心温まる数多くの挿話がある。

それは、たんに理想主義的でありえた当時の〈時代〉のせいばかりではあるまい。そこには他者にたいする寛容と自律の厳しさを相即させた先生の〈人柄〉が光っている。

本書を通じて先生の時代感覚の鋭さも、きわめて印象的である。すでに若い日における地方の郡長としての仕事や内務省における革新的な労働立法の作業をはじめ、とくに敗戦前後の和平工作や全面講和論にみられる状況認識の的確さと道義的高さには〈真理と正義の人〉としての面目躍如たるものがあろう。

それは、むろん最晩年にいたるまで若い研究者からも謙虚に学ぶことをやめなかった先生の学問探究の志に裏打ちされていた。しかしまた、そうした一貫する思想の背後には、内村鑑三から受けつがれた無教会キリスト教の信仰が立っていたように思われる。それこそ、ファシズムの嵐と戦後の混迷期に人間的価値に開かれた醒めた精神と時代の批判を可能にした原動力であったろう。

本書の中に、内村鑑三が再臨運動を展開していたころの興味深い挿話が紹介されている。南原先生は、この運動に共鳴され、若い同信の友に主の再臨の日まで自分の預かったところを十分に手入れして主にお返しすべきことを説き、一同に感銘をあたえたという。先生にとって再臨運動は、熱狂主義のそれではなく、むしろ〈絶対超越の世界〉にたいする畏敬と信仰において地上の世界での人間の主体的責任をますます真剣に担いとることにほかならなかったのである。

先生の生涯は、大塚久雄氏の回想の表現に従えば、まことにマックス・ウェーバー的意味で「心情倫理と責任倫理」とのみごとな統一というべきであろう。「かの日には聖きと智慧と真実を求めあへぎつつ死にしと記せ」（南原繁歌集『形相』）。

本書によって多くの読者が、このまことに稀有《けう》な人格との意義深い「出会い」を追体験することをおすすめしたい。

（『北海道新聞』一九七五年六月一七日号）

〔追記〕

私は第四回南原繁研究会（二〇〇七年一二月）において主題講演を依頼され、「南原繁とカール・バルト」と題して報告しました。

南原繁先生（一八八九―一九七四年）とカール・バルト先生（一八八六―一九六八年）とを並べてお話しすることには、意外の感をもたれる方が少なくないかもしれません。一方は、カントの批判主義を再構成して独自の価値論にもとづく体系を打ち立てた政治哲学者であり、他方は、キリスト論中心主義に立って膨大な『教会教義学』の体系を打ち立てた組織神学者です。両者の思想が完全には相覆いえない部分をもっていることは、いまさら言うまでもありません。しかし、両者における〈国家と宗教〉という共通の軸にたいする私の関心から、あえてこのテーマを設定したのでした。

私は、戦後まもない一九四九年に東京大学における南原先生――東大総長でありながら政治思想史の講義に熱意をもち続けられた――の最終講義を聴講することを許されました。その年の期末試験には、ただ一問、「ヨーロッパ政治思想史におけるキリスト教の意義」が出題されたのです！　さらに加えて一九六〇年代初めヨーロッパに留学したとき、バーゼル大学でバルト先生の最終講義に出席する幸運をもちました――それも先生の政治倫理の集大成ともいうべき『和解論』の講義（遺稿『キリスト教的生』）だったのです！　南原先生の名著『国家と宗教』に示されたバルト『今日の神学的実存』の解釈は、当時の戦時下日本において発表された多くの神学者たちによるバルト受容と対比して、バルトの反ナチ抵抗の姿勢について、まことに的確な指摘として異彩を放つ傑出した分析と言うことができるでしょう。

実は、私のドイツ留学（一九六〇年夏―六二年秋）は、フンボルト財団の奨学金によって可能になったのですが、そのための推薦状を南原先生にお願いしたところ、大変喜ばれて、早速、それを――原稿用紙の草稿に訂正を入れたままで――お届けくださいました。「原文に余り拘泥せず独乙文として定訳」するため「書直しも可能　独乙人講師に御相談ください」という墨筆の御手紙を添えられて。その後に刊行された『南原繁書簡集』には、いろいろ考えた末、この御手紙は載せていません。

先生の古稀記念論文集『政治思想における西欧と日本』（東京大学出版会、一九六一年）には、大勢の大先輩たちの驥尾《きび》に付して若造の私にも寄稿が許されたのですが、その拙論にたいして、先生はドイツの留学先まで長い巻紙に墨筆された御感想を届けてくださいました。「それぞれ力と心の籠もった労作として学界の為にも喜びに堪えませぬ。特に〔政治思想としての〕危機の神学に就いては貴下ならでは出来ぬ論策として有益に拝読」と記され、政治思想研究者としては変りものの私の姿勢に寛容な評価をあたえられ、その後の研究にとって大きな励ましとなりました。この寄稿論文を収録した私の最初の思想史論集（『政治と宗教倫理』岩波書店、一九七五年）を公刊したとき、中扉に「故南原繁先生に本書を献げる」と記したのでした。

南原先生は、その生涯において一度だけバルト先生と出会っています。一九五二年にヨーロッパを回られたとき、多くの思想家や哲学者に会われた中で、誰よりもバーゼルで出会ったバルト先生の印象が強烈だったようです。

この碩学《せきがく》が私に与えた印象は、短い顎鬚《あごひげ》を蓄え、人懐こい眼をした、ユーモアにも富んだ、人間としての素朴さと善良さであった。しかも、この人が、ドイツ再軍備のはじめて問題となったとき、これを促す米国の政策を論難して火のような言葉を吐いたのであった。「終戦後、ドイツ国民に戦争の玩具まで禁止し駆逐した同じ権力が、いまにわかに道徳、殊に神聖な義務の名において再武装を説くことは、まさに神聖の冒瀆である」と。それは、このようなドイツ国民にとっての根本的な精神問題を当面の政策の道具とする似而非道徳と機会主義に対する憤激と抗議にほかならない。けだし、現代ドイツ精神界の汚れなき真理と良心の声といえるであろう（『著作集』第八巻「今後の世界を作る人びと」）。

この連関で、先生がその総長演説の中で、戦後日本の平和的再建のためにはルネサンスとレフォーメイションという「精神的革命」が不可欠だ、と繰り返された力強いアピールも思い出されます。新しい国民教育の理想こそ、南原先生が終世、心にかけられていた課題であったと思います。先生が主導された「教育基本法」の基軸にあったのも同じ精神だったことは確実です。私がドイツ留学から帰国後、学士会理事長室で長時間お話しできたとき、先生は西ドイツの教科書改訂の新動向にも強い関心を示されました。その年（一九六七年）秋に家永教科書裁判で、原告側の証人として立たれた先生の証言には西ドイツの実状を踏まえた文教政策への厳しい問いかけが含まれていたのでした。

先生のそうした〈志〉の一端にも繋がることを願って、私は、一九七二年夏、信仰による共同の学びのための学生寮を建てました。先生は、このことを大変喜ばれ、「一麦《いちばく》学寮」という表札の筆をとられ、さらに寮内の集会室の壁を飾る色紙に「ヨハネ福音書」一二章二四節の有名な言葉を書いてくださいました。「一粒の麦、地に落ちて死なずば唯一つにて在らん、もし死なば、多くの果を結ぶべし　繁書」と。この聖句は、しかし、先生御自身の生涯そのものだったことを痛感させられます。

〔付記〕

これには後日譚があります。先生のご厚意にたいして私たちの謝意を如何に表わすべきか頭をひねったのです。これまで長く私たちの家庭集会を熱心に支えてきた二人のメンバーが――この年の秋に結婚したばかりでしたが――夫人の実家に近い三陸の海で採れるアワビを差し上げるという名案を立て、その鮮度を保つため、当時の特急列車で東京－仙台間を往復することを計画したのでした。下落合の先生宅にお届けすると、先生は、二人の訪問を歓迎して書斎に招き入れられ、仙台集会の様子をお尋ねになられたのです。

白髪の大先生を前にしては、新婚早々の若い二人は、――優しく語りかけられても――緊張のあまり、その時のことは、よく記憶していなかったようでした。その後に知りえたところでは、お届けしたアワビが夫人の実家の父親によって特別のルートで入手できたものだった、ということでした。私と妻とは迂闊にも、謹厳な南原先生に禁漁期間中に〈密漁されたアワビ〉をお礼代わりに賞味させてしまったという事実に、すっかり恐縮した次第でした。それにしても、先生のご厚意が思い出される度に、日毎の散歩の途次、私のこころに浮かぶのは『仰げば尊し』のメロディーです。

2　ドイツ教会闘争研究の先駆者――堀豊彦先生

最近、私は、キリスト信徒である若い社会科学研究者たちの協力をえて、ドイツ教会闘争に関する共同研究（『ドイツ教会闘争の研究』創文社、一九八六年）を出版した。この本は堀先生に献呈された。東大法学部で直接に先生から教えをうけたのは編者の私だけだったが、共同研究者たちの同意のもとに、本書の「あとがき」につぎのように記した。

本著をわが国におけるドイツ教会闘争研究の先達であられる堀豊彦先生に捧げる。先生は、すでに一九三〇年代半ばに、このテーマに関して――当時、わが国がドイツと同盟関係にあった困難な状況の中で――ナチ宗教政策にたいする批判的な研究論文を公表された。太平洋戦争の開始直前の宗教団体法にもとづく日本基督教団成立にあたっては、ドイツの教会均制化政策にならうものとして、抗議の電報を寄せられたこともあった、と伺っている。教会闘争研究のはるかな後進である執筆者一同とともに、先生の先駆的なお仕事にたいして敬意を表し、先生がいつまでも御壮健であられるようお祈りしたい。

――残念ながら、この本の出来上がったのは先生の亡くなられた翌日であった。お通夜に伺うため仙台から上京した夕方、上野駅で出版社から見本刷を受けとり、本駒込のお宅に持参した。御遺族の御好意で先生の御遺体のそばに供えていただいた。


一九三〇年代における堀先生のドイツ教会闘争研究には、「ナチス全体主義国家の理念とドイツ基督教会」（『台北帝大文政学部政学科研究年報』第四輯、一九三七年、所載）と「ナチス全体主義国家とカトリック教会」（『国家学会雑誌』第二五巻第四号、一九三八年、所載）の二篇がある。表題の示すように、前者はプロテスタント教会を、後者はカトリック教会を扱ったものである。以下には、雑誌の性質上、今日の読者の目に触れにくいと思われる前者について若干の紹介を試みてみよう。

この論文は、ナチ・ドイツ全体主義国家の理念と、その均制化政策の一般的特質、キリスト教会各派の歴史的由来、神学的・政治的特質などの叙述を前提して、ナチの宗教政策を詳述したものであり、全体で一三五頁に及ぶ本格的な大論文である。この論文の末尾には「一九三七・四・二八・稿了」と記されているが、当時、わが国はすでに一九三一年いらい中国東北部への侵略戦争を開始しており、この年の七月には本格的な日中戦争に拡大していく直前にあたる。この間、わが国は、しだいにベルリン－ローマ枢軸に接近しはじめ一九三六年秋には日独防共協定を結び、これはさらに四年後の日独伊三国同盟につながっていく、という状況だった。しだいに軍国主義化＝戦時体制化を強めていく日本国内の言論統制下にあって同盟国ナチ・ドイツの宗教政策を正面から批判するという、この論文の立たされていた基本的位置づけの厳しさについて、とくに注意する必要があろう。

むろん、当時、わが国においても、すでに数多くのナチ・ドイツに関する紹介や研究が公刊されてはいた。しかし、本論文の「はしがき」に言及されているように、ナチ体制下における「国家対教会の問題」について、たんに「宗教教義史的課題」としてではなく、「社会学的な或は国家学的な、そして政治学的な意図と意味とをもつ考察」を加えた研究は、対象、方法ともに、ひじょうに数少ないものであったと言わなければならない。とりわけ国家対教会の葛藤が「仮に何等直接的な政治目的」をもたないものとしても、それは「直接的或は間接的に何等の政治的結果を有せずとは断定し難い」という本論文の指摘は、きわめて的確だった。こうした先生の問題意識の背景には、『中世紀の政治学』（岩波書店、一九四二年）や「宗教改革と近世政治思想」などのお仕事にあらわれるヨーロッパ思想史研究の長い蓄積があったことはいうまでもない。

「人は欧洲に於て基督教会が遠く中世期初期以来、占拠し来たれる社会的地位、或は社会的集団としての教会の性質などを考へ、且つ国家対教会のもろもろの関係並に抗争の思想・理論と其史実とに想到すれば、この所謂国家対教会の問題は政治学的意義を豊に備え来たれること を疑ふことは出来難いのである」と。しかも、この「政治学的意義」は、先生の場合、その当初から、はっきりした批判的な視点を「念頭に置」くものであったことも見逃すことはできない。イタリア・ファシズムもドイツ・ナチズムも、その「精神・主義」は「真正の個人的良心或は人格や、その他思想・行動の自由に対しては、言う迄もなく圧倒的であるが故に、宗教、就中、基督教、しかもプロテスタンチズムが基本的なるものとして特別に顧慮する所の、人格・良心の自由の理念とは本来抵触するものである」と。じじつ、こうした問題にとりくむ緊張意識は、この論文を終始一貫しているのである。

この論文において、先生が、たとえば一九三三年にアメリカに亡命したドイツの宗教社会主義者パウル・ティリッヒの『ソーシャル・リサーチ』誌上に発表した批判的なナチ・ドイツ分析を重用しておられるのは卓見である。教会＝教派の比較分析にはトレルチの類型論に拠っておられるのも当然であろう。そしてトレルチ的分析を踏まえて、とくに国家や民族に一体化する傾向の強いはずのドイツ・ルター派教会が、まさにナチ治下にあって、逆に「民族国家の統一、統合と云う集権化的志向に、反対して立たねばならないと云う事情は、余程重大なる理由及事情が存在すると考へねばならない」と鋭い疑問を提起される。

具体的には「国家の教会への越権的な干渉」が予想されるといわれ、そしてじっさい、「ナチスの全体主義国家の新しき神話たる、血液、人種、民族、国民、指導者等々が、恰も無限なるものの如く、否、恰も神たるが如く、崇拝せられ、権威付けらるる場合、其拠には対立拮抗の生起するは、言はば必定である」と明快に断定されているのである。こうして〈ドイツ的キリスト者〉の運動から、人種原理（反ユダヤ主義）、指導者原理、教会統合などのナチ宗教政策が詳論されていく。そこでは、たとえば一九三三年秋に帝国教会監督に就任したルートヴィヒ・ミュラーがヴィッテンベルクの教会においてハーケンクロイツ旗をはためかせて宗教改革とナチ国家との精神的合体を宣言した光景などの記述もある。

さらに、この論文では近来、ボンヘッファーの平和講演のゆえに注目されることの多くなった一九三四年八月のデンマーク＝ファネーで開かれた世界教会青年協議会において、世界教会がドイツの教会闘争等に連帯する決議をしたことや、そのほか同年秋のダーレムにおける〈自由な告白教会会議〉についても、すでに言及されている。ただ、危機神学ないしバルトの位置づけがやや不明確であり、またバルメン宣言に触れられていないことなど、今日的観点からすれば惜しまれる点もないわけではない。

しかし、先生はナチ・ドイツの宗教政策にたいして批判的視点を堅持する上で、おそらく意識的に、ティリッヒはじめアングロ＝アメリカ系文献を利用されているように思われる。それは、対象にたいして一定の距離をおくためにも、また激動する政治過程を鳥瞰する上でも賢明な方法だったのではなかろうか。その意味では、一九三七年前後からスイスで隣国ドイツの豊かな情報にもとづく教会闘争史に関する分析的＝資料的文献が続々と刊行されはじめていた。当然、そこでは、バルトやバルメン宣言などの正当な評価も打ちだされていたのであった。とはいえ、当時にあっては、現在みられるような海外文献の迅速な入手は、ほとんど不可能に近かったであろう。先生御自身も、台北の地にあって確定的な情報の入手し難いことを、くり返し嘆じておられる。

本論文の「むすび」において、先生は、〈ドイツ的キリスト者〉の運動やナチ宗教政策にたいして、「宗教個有の立場からこれを反省し批判しようと言ふ真摯なる人々の存在すると言ふことは、基督教会の為に、又、独逸自身の為にも幸ひなることであり、且つ心強き頼もしきことである」と断言され、ドイツ教会闘争の側に、はっきり加担する意志を示されている。そしてドイツ教会闘争は、「元来、いかにも宗教の上に加へられたる宗教的反抗として意味せらる可きものであった、としても、併し、この闘争は現時、政治形態の背後に於ける、政治理念に対する、宗教的、文化的反抗の中に帰せられざるをえない」とされ、この宗教的＝教会的闘争にふくまれる〈政治的反抗〉としての性格を、はっきり指摘されたのであった。

じつは、戦後における教会闘争の研究史の中でも、この点については意見が分かれている。しかし、最近では、その主観的意図はともかく、客観的には、教会闘争がナチ体制にとっての阻害要因として政治的に有効な役割を果たし、〈反ファシズム的〉闘争の一環となりえたことが、教会史家のみならずマルクス主義史家によっても承認されつつあるのである。右にみた堀先生の結論は、けだし卓見というべきであろう。

それだけではない。ドイツ教会闘争の分析を通して、先生は、「人間目的の第一義性、その悠久性を学ぶと共に、所謂国家全体主義は吾々の社会学的認識からしても妥当視し難い」ことを、はっきり結論されていたのであった。この結論は、ドイツの事例についての判断というにとどまらず、当時のわが国の政治体制にたいする〈政治学的〉批判にも通じていたことはあきらかである。しかも、そこでは、全体主義国家が「人間生活と人間性」を全面的に包摂し統合・統制しようとするものであるかぎり、キリスト教会の反対を引き起こすことにならざるをえないといわれ、「何んとなれば、全体主義国家なる観念それ自体が、既に一種の潜在的なる宗教的性格を有するが故である」と言い切っておられる。この「潜在的な宗教性」という発言は、きわめて重い意味をもつものではなかっただろうか。なぜなら、それは、当時、天皇制ファシズムの形をとって疑似宗教国家化を強めつつあったわが国の動向にピタリと向けられうるものであったから。

先生は、わが国において、これまで〈国家対宗教〉の問題のもつ重要性について一般に関心と認識とが低かったことを指摘され、「それは、宗教革命や宗教的自由闘争の経験を歴史的に具へることなき或はその種の経験の極めて乏しき伝統によることが主要因であろう。随って、屢々言はれる所の、社会的、政治的而して公民的、市民的自由の享受が宗教闘争の賜物であり、所産であると、かの国々の多くの学者の説かるる所に対する、吾々の理解は往々にして低度なるを覚ゆるものがあるのである」と、日本の精神伝統における根本的病根をも正しく射当てている。この文章は、プロテスタント・キリスト者として、またリベラリスト政治学者としての掘先生の真骨頂を示すものであろう。これは、信仰と社会科学的認識とを結びあわせた、まことに勇気ある発言といわねばならない。

先生のこうしたキリスト者＝政治学者としての批判的視点は、ヨーロッパ留学を通して体得されたリベラリズムの学風とともに、いま一つ、先生の恩師である吉野作造先生の影響も大きかったのではなかろうか。私自身、大学卒業後、数年間の研究室生活を先生の下で送ることを許された間に、折にふれて――とくに東大基督教青年会のクリスマス祝会のときなどに先生のお伴をした折に――先生の口から吉野先生との出会いの体験を承ることが多かった。堀先生の回想記「吉野作造先生と私」（『会報』第七二号、所収）にも、そのことが詳述されている。政治学者かつキリスト者として天皇制国家体制下に「キリスト教とデモクラシー」を論じた吉野先生にとって〈国家対宗教〉の問題は、当然、深い関心のあるところだった。すでに〈民本主義〉論で華々しく論壇に登場する直前に「ローマ教皇制」に関する大論文を発表されており、その後も、たとえば『新人』誌上で折にふれて「国家対教会の問題」についても筆をとっておられる。その基本姿勢は、「宗教法案」反対をめぐる信教自由の論議にはっきり伺われるところであった。すでにヨーロッパに旅立たれる前に、堀先生の政治学的関心と認識の機軸として、当然、〈国家対教会〉の問題が確固とすえられていたものと推定してよいであろう。

堀先生と吉野先生との関わりということに関連して、最後に、一つだけ私事にわたることを記させていただきたい。一九六〇年代末から七〇年初めにかけて全国で大学紛争の嵐が吹きあれていた。〈学生反乱〉の中で戦後デモクラシーの「虚構と幻想」とをあげつらい、それをトータルに否定する議論が盛んだった。その頃、私は、『展望』誌上に「現代デモクラシーの思想と行動」と題する評論を発表して、戦後デモクラシーを〈虚妄〉たらしめない努力こそ必要であると訴えた。これには、思いがけなく吉野作造賞があたえられた。私は、求められるままに『中央公論』誌上に短い文章を載せた。「吉野の民主主義論には、東北の地で育まれたキリスト教信仰が、根強い道徳的背景として生きていたように思われる。吉野とも関係の深い東大基督教青年会に戦後の一時期、学生時代を過しえた私にとっては、この点でも少くない畏敬の念を覚えさせられる」と。
帝国ホテルで開かれた中央公論社主催の記念パーティーに掘先生は、わざわざ出席してくださった。その席上、選考委員の松本重治氏は、掘先生の姿を認められるや、すぐさま声をかけられた。「この度の受賞を一番喜んでおられるのは堀先生ですね」と。堀先生を介して、私は、いわば吉野先生の孫弟子にあたるわけだが、吉野先生の名前を冠する賞をほんとうに喜んでくださった堀先生の温顔は、有難く忘れがたい。

（一九八六年七月稿、『東大基督教青年会会報』第八五号、所収）

〔追記〕

回顧すれば、京都の旧制三高理乙（医学部進学コース）から転換して一九四八年春に東大法学部に入学できたのは〈奇跡〉のように思えます。しかし、いっそう幸いだったことは、敗戦直後の東京で住宅事情の厳しかった中で、大学から至近距離に建つ東大基督教青年会に入寮できたことです。すでに一般募集は終わり、残りの空室一つにたいして応募者二十余名という――入試以上の――難関を突破したのです。それは、私のその後の歩みにとって決定的とも言える〈上よりの導き〉となりました。
私は、大学卒業後、堀先生に研究論文（「スピノザの国家論」）を提出して、一九五一年春、先生を指導教授とする大学院特別研究生に採用され、前期・後期あわせて約五年間、法学部の大部屋で研究生活を送ることを許されました。先生は東大基督教青年会出身である私を身近に残すことを強く希望しておられたようで、私が勝手に仙台行きを決めたことについて大変叱責されました。私自身は、あえて先輩後輩の関係から離れて自由な独自の研究——当時は、まだそれほど明確だったわけではありませんでしたが——政治思想と神学思想の歴史的関連性をめぐる新しい〈学際的研究〉をしたいという漠然たる志向に促されていたようです。

一九五六年春、仙台赴任後、まもなく学生たちの熱望から家庭を開放して聖書研究会をもつことになりました。先生に報告すると、ただ一言、「教祖になってはいけませんよ」という厳しい御忠告。その後、私たちの会合はプロテスタント各教派をはじめ、カトリック教徒、無神論者やマルキスト、さらには海外（韓国やドイツ）からの留学生も加わり、文字通り〈エキュメニカル〉な自由な会合を続けることができました。並行して月に一度、行なっていた読書会では、やがて児童文学（『ゲド戦記』やエンデの『モモ』など）も採り上げることになり、談論風発、厳めしい〈教祖〉の役割には到底収まりきれない状況でした。この読書会は、ずっと長く私の大学退職後も続けられ、ふり返ってみれば前後、半世紀以上の歳月にわたるものでした。

堀先生も御夫妻で一九七二年一月には「一麦学寮」を訪問され、『ゲストブック』に記念の言葉を残してくださいました。「およそすべてのこと　自ら悟るは最もよきこと。また良き言葉に聞くも良きこと。さあれ自らも悟らず他にも聞かざるは、せんなきやから。アリストテレス、ニコマコス倫理学から」と。「〈教祖〉になってはいけない」という批判を込めた先生の危惧の思いは、聖書集会の現場を御覧になられて、すっかり解消されただろうと信じた次第。

集会の卒業生たち——仙台から離れて実社会の中で活躍することになった若者たち——を激励するため、時代批評と聖書研究会の記録を、毎月、『みちのく通信』として送り続けました。当初は手作りのガリ版刷りで、二〇〇号まで刊行しました。その後、一九七六年からは、折りに触れて発行する活字版の『一麦通信』に切り替え、二〇〇五年まで続刊。この間に、堀先生からのご依頼によって上京し、東大の五月祭や基督教青年会の創立記念日のために、しばしば講演する機会があり、先生没後も、折りに触れて引き受けました。

たとえばルター伝説の一つ「それでもなおリンゴの木を植える」という金言をテーマにした講演（一九九六年五月）——これは小著『聖書の信仰』第一巻に収録。その他、有名なヴァイツゼッカー大統領の講演「荒れ野の四〇年」がその後いかに展開されたかを思想史的に追跡した講演（二〇〇四年五月）——これは小著『〈荒れ野の四〇年〉以後』（岩波ブックレット、二〇〇六年）として刊行——など、今でも記憶に残っているのは僅かです。

しかし、前者については、これをルターの言葉と考えたらしい独文専攻の学生が得意そうに黒板に墨書してくれた後で、〈伝説〉成立の真相やそれが果たした時代史的機能などについて語った私の話で学生たちをアッと驚かせた情景など、はっきり覚えています。また後者についても、講演を終えた直後に、会場の中から恰幅の良い聴衆のお一人が近づいてこられ、私の講演を通して「現代ドイツの政治の仕組みと思想状況がよく理解できました」と謝辞を口にされ、差し出された名刺に「検事総長　原田明夫」というお名前を見出して驚かされたことでした。彼は、東大基督教青年会では私より多分一〇年くらい後輩だったはずですが、その謙虚な人柄の印象は、今でも忘れ難い思い出です。

3　架空の対話から——丸山真男先生から学んだもの

丸山真男とディートリヒ・ボンヘッファー——一つの《架空の対話》

小論の表題と副題には、いささか怪訝な思いを抱かれる方もいるかもしれない。丸山真男著作集や座談記録のどこにも、ボンヘッファーについて言及されてはいないのだから。

ボンヘッファーは、マーティン・ルーサー・キングなどと並んで、二〇世紀を代表する殉教者の一人として有名な存在である。彼は、ナチ政権の崩壊直前に南ドイツの辺境にある強制収容所で、ヒトラーの命令にもとづき反逆者として三九歳の若さで処刑された。丸山との関わりについて言えば、東京女子大学の膨大な丸山文庫の中に、ただ一冊『ボンヘッファーを読む——反ナチ抵抗者の生涯と思想』（岩波書店、一九九五年）が収蔵されているだけである。

実は、この本は、ボンヘッファー没後五〇周年を記念して岩波セミナー・ブックスの一冊として出版されたとき、筆者から丸山先生に差し上げたものである。それにたいして先生からは、

「御無沙汰のおわびの〈寸志〉として」、『丸山真男集』のための『図書』特集号（一九九五年七月）とともに、その表紙に小著を「これこそ時宜をえた新刊」と書き添えた礼状が送られてきた。それを受けとった際には、この言葉を筆者は恩師からの長年にわたる変わらざる〈激励〉として受けとめただけであった。

先生没後の一九九九年春、丸山文庫から「展示　丸山真男と読書」と題する案内状が送られてきた。雑誌『みすず』のアンケートへの丸山の回答文と当該の図書を並べて「氏の幅広くしかも奥深い読書の跡を辿る」という企画であった。展示項目の最後に置かれた「一九九五年度分」については、回答文の「原稿未提出」のままで「選定メモ」のみが記されていた。その中の一冊として前記の小著のタイトルがあるのを見出して大いに驚いた。

丸山の著作の中には、たしかに、キリスト教神学者バルトやニーメラー、ニーバーなどについては数少ない折に言及があり、その関心と評価の方向も示されている。しかし、ボンヘッファーの何が、あるいはどの点が丸山の関心を引いたのだろうか。それ以後、くり返し考えさせられてきた。しかし、丸山文庫の開架式——書き込みのされていない——「第一書庫」に収蔵された小著からは何の手がかりもあたえられるはずもない。

この度、『ボンヘッファー』（岩波現代文庫、二〇一九年）として新版が刊行されることになり、かねて思案してきたこの問題について改めて考えてみた。これは、むろん、現実にはありえない〈架空の対話〉――ボンヘッファーにたいする丸山の共感、さらには筆者からの丸山への確認の問いかけ――について想像をめぐらした短い思いつきの一端にすぎない。

1

たとえばボンヘッファーが一九四一年末に書き残した「一〇年後に」という覚書には、当時のナチ支配下の精神状況についての分析がある。これは、抵抗運動を共に担う仲間の中でも、もっとも信頼する数名の友人たちにたいする助言と励ましの言葉であった。〈疑似カリスマ〉をもつ独裁者に呪縛された民衆の愚かさ、ヒトラーの人格に錯誤させられた知識人の同調行動の諸類型。それらの特質と原因、それに対処する仕方。さらには、そうした問題が由来する近代ドイツ精神の歴史的伝統――国家と自由の相剋――にたいする批判的な省察、「市民的勇気」への訴えなどである。それは、いわば丸山より数年だけ年上の同時代人による現場ドイツからの生々しい証言と見ることもできる。

この文章は、ドイツ思想史について豊かな知識をもち、ドイツ・ファシズムの支配様式について戦後日本における先駆的な研究者となった丸山の関心を十分引きつけるものがあったのではなかろうか。丸山自身、こう指摘していたのだから。「ドイツの悲劇はあまりに潔癖な倫理的要請とあまりに過剰な権力との間のバランスが終始とれなかったことにある」(『現代政治の思想と行動』)と。

ボンヘッファーには、抵抗運動の思想的根拠づけのためにもライフワークとみなした『倫理』の構想があった。彼の任務だった多忙な諜報活動の合間に、各地を転々としながら草稿を書き進めた。その初期草稿の中に日本の天皇制批判の文章があるのは注目を引く。「太陽神に由来する皇帝、〔つまり〕天皇にたいする信仰」が義務づけられている、と。

手書き草稿を見れば、「皇帝」という言葉の上に、わざわざ「Tenno」とローマ字で明記されているのだ。日本の「伝承」には「アジア的な生き方にある無時間性」がつきまとい、歴史そのものは「神話的性格」を帯び、そのため「歴史的遺産」を形成する主体的な責任感覚が生まれ難い、と指摘されているのである。

この草稿の文章は、ナチ支配下の監視の目をくぐり抜け、体制イデオロギーだったローゼンベルク『二〇世紀の神話』を批判する〈暗号〉だったのではないか、と解釈するドイツ人研究者もいる。しかし、日本思想史家としての丸山にとって、こうしたボンヘッファーの発想が興味深い指摘だったことは確かだろう。晩年の丸山は、日本思想の「古層」について論じ、「つぎつぎとなりゆく」歴史意識からは主体的な作為の責任感が育ち難いこと、そうした「無窮の連続性」が「万世」という表象とも結びついて超越的な「永遠者の観念に代位する」役割を果たしたことを批判してもいるのだから（『忠誠と反逆』）。

2

しかし、丸山にとって、もっとも関心があったのは、やはり「殺すなかれ」という神の戒めに従う神学者ボンヘッファーが、どうしてヒトラー暗殺をも視野に入れた抵抗運動に加わりえたかという疑問だったのではなかろうか。

これについては、『倫理』草稿における「責任倫理」を扱った章にウェーバーとの対論があり、マキャヴェリが引用され、権力と倫理との緊張関係の中で国家と政治の本質について論じられている。こうした彼の〈責任倫理〉は、現実から離れがちな〈規範倫理〉ではなく、また、既存の事実に捲き込まれやすい〈状況倫理〉とも異なっていた。

この概念は、明らかにウェーバーに由来し、その関連で即事性が強調されているのも神学者としては特異な印象をあたえる。しかも、そこからは〈価値自由〉の観点を徹底化して、「無私」なものとして「奉仕」する「自己からの自由」さえ引き出されてくるのだ。「事柄にたいする献身の激情」というウェーバー的な表現さえある。こうした議論は、心情倫理を抑制しながらも決定的な局面では「われここに立つ」と告白するウェーバーの責任倫理の〈深み〉に強く引きつけられた丸山のウェーバー受容とも通底するだろう。

『倫理』草稿の白眉とも言うべき「現実即応性」の議論に移ってみよう。ボンヘッファーは「国家統治策」と言う概念を用いて〈技術としての政治学〉を周到に論じているのだ。限られたこの紙面からは個別に比較引用することはできない。しかし、そこでは随所に、政治的判断や政治的リアリズムの可能性について『政治の世界』（岩波文庫）その他にみられる〈丸山政治学〉の発想と極めて似通う思考が認められることには驚かざるをえない。

たとえば政治の技術として、「実定法の秩序や条約」、「内政・外交上の共存形式」などの尊重が説かれている反面で、極限的状況におけるマキャヴェリ的な〈必然性〉の不可欠性も承認されている。「この必然性は、いかなる法則にも束縛されない行動する者の自由な責任に向かって、直接に訴えかける。それは、一つの例外的な状況を作り出す」と。

もっとも、その際、彼は、マキャヴェリズムについて「シニシズムと責任」と注釈している。明らかに、この政治の自律性＝倫理からの解放という論理に、一方では「シニシズム」＝倫理への完全な無関心におちいる危険を見ると同時に、他方ではギリギリの極限状況において自己の最終的決断に賭ける政治的主体の「責任」＝緊張感覚をも読みとっていたのだ。その上で、彼は、「極限的ケースから正常状態」を引き出し、「必然性から技術」を作り出すこと、それにもとづいて侵略や大量虐殺を実行するナチ的論理（＝「民族に役立つものこそ法である」）には、断固反対する。

この《例外状態》から政治の本質を規定するという議論の仕方は、ナチ時代の桂冠法学者カール・シュミット『政治神学』（第二版、一九三四年）の基調にある論理だった。筆者の推定では、ボンヘッファー自身も、おそらくそれを読んでいたと思われる。そしてこのシュミットこそ、丸山が若き日から大きな関心を寄せてきた政治思想家であり、「尊敬すべき敵手」（『読書の現在――読書アンケート』みすず書房、一九八八年）とみなしていたことは、この連関において、けっして見逃してはならない興味ある事実だろう。

ボンヘッファーは、政治の極限状況における〈必然性〉を認めた上で、さらに一歩踏み出す。意図している行動の動機の純粋さ、有利さ、意味深さなど、すべての理由は、その行動を正当化しない。自分自身が観察し、判断し、決断し、行動しなければならない。みずからの責任で「自由の冒険」に敢えて賭ける行動を、彼は「罪の引き受け」と呼ぶ。

「責任を負う行動」は、「自分自身の行動の善悪を最終的には自分では知らない。したがって、ただ（罪の赦しという神の）恵みにのみ、より頼む。……その行動を神の御手に委ね、神の恵みと裁きとによって生きる」と。

このいっさいの自己正当化を断念したものの謙虚さと自制、神に信頼するゆえの落着きと勇気――こうした逆説的な結びつきこそ、ボンヘッファーが責任倫理として抵抗運動に参加することのできた〈秘密〉だった。丸山を強く引きつけたのは、まさにこうしたボンヘッファーの生きざまだったのではなかろうか。客観的必然性などを口にしないで、つねに醒めた目で歴史的現実をとらえ、自己の意志と理性にもとづいて、自由に判断し行動すべきことを、丸山自身、終始、主張し続けていたのだから。

時代の政治的風潮に流されることなく、あくまでも〈自由な個〉として生きながら日本社会における〈未完のデモクラシー〉にたいする希望と責任を失わないことを問われているのだ。「私の方は入退院の連続ですが精神的には元気です」という先生からの礼状の言葉にためらい、ただちに病床を見舞い「対話」のお答えを伺うことをしなかった自分の非礼と不明を今さら悔やむばかりである。

（『図書』二〇一九年八月号）

〔追記〕

丸山先生との出会いは、一九五〇年度の講義で「徳川封建社会政治思想」を聴講したことから始まりました。毎回、興味津々で一度も欠席や遅刻をしなかった数少ない授業でした。中でも大きな刺激を受けたのは近世初期におけるキリスト教伝来の講義で、私は不干齊ファビアンの名前も、その代表作『妙貞問答』も初めて知ったのです。禅僧出身の日本のキリシタンによって超越的な絶対神への信仰と隣人愛とを証言する画期的な出来事だったことに衝撃を受けました。この講義には、迫害の中で彼が後に『破提宇子《デウス》』を書き〈背教者〉となったことも短く言及されています。まさに〈日本型知識人の原型〉ともいえる人物です。

その後、刊行された後年における『丸山真男講義録』では、当時のキリシタン思想のもつ普遍的・超越的な意義が、いっそう詳細かつ明確に訴えられています。すなわち「地上の一切の権威をこえた見えざる普遍者への commitment」に内在させられた「自己革命の可能性」という指摘です。それは、文字通り〈解放の福音〉として語りかけられているように響きます。

最近になって新しく知られるようになった〈殉教者ペトロ岐部〉について、丸山先生はどのように語られるだろうか、などと新しい〈架空の対話〉を試みたくなったほどです。

ペトロ岐部は、幕府の禁教令によって国外に追放されて後、聖地エルサレムを訪ねた最初の日本人であり、さらにローマ教皇によって司祭に叙階されながら、殉教者となることを決意して帰国。潜行して宣教を続けた仙台近郊で捕らえられ、〈穴吊り〉の拷問にも只一人、屈することなく殉教したのです。伝来思想や伝統的慣習に癒着し同化しがちな日本の精神風土の中で、普遍的・超越的価値への結びつきによって主体的人格として生きえた――アイザック・ドイチャー流の言い方をするなら――いわば〈非日本的日本人〉の可能性を示す希有な信仰的証人と言うべき存在です。

「多数を以てしても圧伏できない個人の尊厳という考え方――その根拠づけがキリスト教以外のどこに求められようか」（丸山真男『自己内対話』みすず書房、一九九八年）――こうした感慨は、思想統制の厳しかった戦時下の日本社会で毅然として『国家と宗教』を論じられた南原先生との〈出会い〉という丸山先生の原体験を想起させます。それは、丸山先生の生涯と思想を通して一貫した超越的価値にたいする、独特の――まさに〈接線が円に触れるような〉――関わり方の〈原点〉にあったものではないでしょうか。

それに関連して、私の忘れがたい思い出を一つ。近代日本におけるローマ書一三章の受容史研究のため各地を回って資料探しをしていた頃のこと。信州で一人の地方史家と出会い、貴重な話を聞かせてもらいました。話し終わった後で、その方は、鞄から自分に宛てた丸山先生の手紙を取り出して、封筒の「◯◯先生」という文字に注意を促したのです。これまで多くの研究者と交流してきたが、高名の先生からこのように呼び掛けられたことは一度もなかった、と。郷土史家の中には、ご自分のもつ貴重な知識のゆえに独特の自負をもたれる方を時どき見かけます。私は、この時、まさに丸山先生御自身のもたれた〈他者感覚〉の生きた実例に接したように感じさせられたのでした。

〈他者感覚〉とは、「他者を他在において把握する」（丸山、前掲書）ことですが、それは、言うまでもなく個人の尊厳性、すなわち、普遍的価値（たとえば人権）につながる主体としての〈自己認識〉をもつ人格においてこそ成立可能なものでしょう。私自身は、あるがままの自己を神によって創造された只の一人として〈掛け替え〉のない存在であることを認識する〈自己受容〉によって初めて——他者がどんなに自分の好みとは違う人間であっても——同じ〈掛け替え〉のない存在として受容できるようになるのではないか、と考えています。

私自身は、学生時代に丸山ゼミの一員ではなかったし、また比較思想史研究会の〈同人〉にもならなかったのですが、自分では主観的には南原－丸山学派の山脈《やまなみ》の裾野に立ってきたつもりです。大学紛争の中で〈戦後民主主義〉解体を叫ぶ声が喧しい中で、小著『現代日本の民主主義』（岩波新書、一九六九年九月）を急遽まとめることになり、その中扉には先生の『日本の思想』から〈制度をつくる精神〉について格調の高い一句を引用しました。この年二月には、東大紛争の真只中で健康を害されて入院、さらに転地療養を余儀なくされて「憂うつな日々」（丸山、前掲書）を過ごされていた先生にお届けできました。

早速いただいたお返事では、「……巻頭に小生の言葉がいきなり引用されているので正直のところドキリとし、同時に面はゆく思いました」という書き出し。最後には、マス・コミだけでなく「自称他称する全共闘」の学生や知識人の言動にたいする手厳しい批判の言葉。そして末尾には「ついついつい病人の気焔をあげてしまいましたが、これは御礼の手紙のつもりです」とあり、病床の先生にとって少しはお慰めになったのかなと感じた次第。

しかし、御手紙の中には「正眼に構えた民主主義の論陣が光っている」というお励ましとともに、さらに「当分の間は、宮本武蔵のような両刀使い、いな、多刀使いが必要な状況が続くように思われます」という忠告も記されていました。〈両刀〉のもう一方は平和主義のことだったのかも知れません。その翌年には『非武装国民抵抗の思想』を同じ岩波新書で出すことになり、その中扉には南原先生の『日本の理想』から「核実験ではなく理性と良心の実験」が必要という言葉を引用してあります。

「多刀使い」で思い出すのは、その二〇年後に出した小著『キリスト教と笑い』（岩波新書、一九九二年）をお送りしたときいただいた先生からの愉快なお葉書です。「これまでバイブルとユーモアとはまったく無縁と思っていましたが、広告で貴著の題を見た瞬間に、内容も見ないうちにナルホド！　と、その着想に手をうちました。『薔薇の名前』は小生も愛読し、映画も見ました（娯楽作品としてもよくできています）が、ユーモアという観点には気づきませんでした」と。丸山先生の視野には入っていない視角もあったのか！

一種の安堵感を覚えてみたものの直ちに気づいたのは、丸山先生の場合、永年の学問的蓄積のゆえに、原著者ウンベルト・エーコの巧妙かつ複雑な言語学的構成の〈暗号解読〉に関心が集中して、長編の〈迷宮〉を、逐一、追跡されようとする誘惑が大きいからではないのか、と。

私の場合には、中世以来のキリスト教思想史における〈笑い〉をめぐる否定的解釈の伝統という明白な一面的視角に即して、それからの〈信仰的解放〉の意義を追求しようと努めたために、エーコの〈迷宮〉に惑わされなかったからではないのか、と。

丸山先生は「意識的な教育熱心」や「インドクトリネーション」による「子分づくり」はきらいだと明言され、「対話」のもつ意味を認めておられるようです（前掲書）。しばしば頂戴したお手紙からは直接的に、著作からは間接的に〈対話〉と〈架空の対話〉を通して実に多くの学びをあたえられました。この長年にわたる恩師の導きと励ましへの感謝の思いは言い尽くしえないところです。

〔付記〕

冒頭に示した『図書』に寄稿した私のエッセイに関連して、古い書簡の整理中に最近になって発見した日本思想史研究者からの情報。「東京女子大を訪ねた折、展示してあった丸山先生のメモを見ましたら、『ボンヘッファーを読む』と書名を記したその下に、『補章　ボンヘッファーと日本』と書かれていたのに気付きました。丸山先生は、この章に特に興味をいだかれたかもしれない、という印象を受けました」（二〇〇〇年三月）。

4　東大法学部共同研究室——福田歓一氏と坂本義和氏

プレスビテリアンからインデペンデントへ——福田歓一氏

私は一九五一年の春、大学院特別研究生に採用され、東大法学部研究室でドイツの近代政治思想史の研究を始めた。当時、私たちが配属されていた三階の共同研究室は、その後、日本の政治学界の重鎮として活躍されることになった十数名の先輩たちが雑居する大部屋だった。そうした中に指導教授を異にしていたとはいえ、福田歓一氏は、同じくヨーロッパ政治思想史研究に携わる身近な先輩として、私にとっては、いわば南原学派に連なる大きな兄弟子のような存在だった。三階の共同研究室は、夏季になると屋上から照りつける日差しばかりでなく、とくに私たちの部屋は、午後には直接に西日も差し込んできたため、耐え難い暑さになった。福田さんが絞った濡れタオルを額に当てながら黙々と文献の読解に集中している後ろ姿を畏敬の念をもって眺めていたものだ。

福田さんと初めて個人的にお話ししたのは、私が新米の研究生として入室して間もない頃だったように記憶している。私がプロテスタント教会に通っていることに話題が及んだとき、どの教派に属するのかを尋ねられた。私は高知で受洗してから京都や東京でも植村正久以来の日本基督教会系の教派を自覚的に選んできたことを――おそらくいささかの正統性意識もこめて――語ったように思う。そのとき、福田さんは「ではプレスビテリアンの系統なのですね」とコメントしてくれた。

そのとき、私は内心に一つの衝撃を受けた。〈プレスビテリアン〉という概念は、それまで日本の教派的伝統という狭い視野でしか考えていなかった私にとって、いわば宗教改革以来のヨーロッパ的伝統の中においてとらえる視角を示唆してくれたのだから。今にして思えば、福田さんは、当時、イングランドを舞台にした近代政治哲学論を書き終えられ、まもなく助教授に就任される直前だったわけで、〈プレスビテリアン〉という表現は、きわめて自然に口をついて出たものだったかもしれない。

しかし、その言葉は、――とくに『国家と宗教』という南原先生のお仕事に触発されて研究を始めようとしていた私にとって――忘れがたい印象を残した。それは、ヨーロッパ政治思想史を志したばかりの若い研究者に主体的な信条告白をも対象化してとらえ、いっそう広い世界史の地平の中で位置づけ直す覚悟といったものを暗示するように思えたからである。それ以後、福田さんからは折にふれて大型の研究カードの使用方法など——ルソーの原典からの引用文を細かい文字でビッシリ書き込んだカードを見せながら——文字通り手にとって指導してもらったこともある。私が特別研究生の生活を前期・後期あわせて五年間を過ごしたのち、東北大学に採用内定したことを報告したとき、肩を抱いて喜んでくださった友情も忘れがたいものだ。

仙台への就職論文はドイツの啓蒙主義からロマン主義にいたる政治思想を扱ったものだったが、当時『国家学会雑誌』に連載されはじめていた福田論文「道徳哲学としての近世自然法」からは、大いに啓発された。たとえば、近世ドイツの政治風土においては抵抗権が認められないばかりか、社会契約論そのものが人民の服従義務を根拠づける合法化の論理となったこと、自然法も、たんに絶対制国家の内的規制原理にとどまり、体制全体を批判する原理とはなりえなかったことなど。福田論文によれば、それは、あきらかに大陸自然法がその表見的近代性によって啓蒙専政の法的外被として発展してきた思想史的伝統につながるものだった。

この論文は、のちに『近代政治原理成立史序説』に収められたものだが、東大での講義『政治学史』や南原政治哲学の解説をはじめとする政治哲学の諸論文など、福田さんのお仕事を通して思想史研究者として教えられたことは数多い。しかし、一般的に言えば、思想史研究といえども現実政治の批判と深く関わりがあること、そもそも社会科学の研究者が現代日本の政治の革新のために鋭い問題意識をもち続ける責任のあることを、いつも強く印象づけられてきた。

福田さんのこうした姿勢は、その後も変わらなかったように見える。それは、岩波新書の『近代の政治思想』や論文集『現代政治と民主主義の原理』などの示す通りだろう。時代の激動の中で一貫した姿勢を貫かれてきたという事実そのものが、まことに貴重であり、また大きな励ましとなるものだった。安保反対の市民運動が全国的に盛り上がっていた頃、上京してお会いした折に、福田さんは「必要なら仙台に応援に行ってよいですよ」と声をかけて励ましてくれた。岩波講座『現代』の現代民主主義の巻に私が参加することになったのも、その編集責任者だった福田さんのすすめによるものだった。

その後、仙台で過ごして四〇年余、私はヨーロッパ思想史研究を続けるかたわら、自宅を開放して学生たちと聖書の勉強会を開いてきた。教会から離れたわけではないが、やや無教会に似たスタイルの自由な集会として。かつての〈プレスビテリアン〉は、いささか〈インデペンデント〉風に様変わりしたと言えようか。あの共同研究室での最初の出会いの回想とともに、この感想を記す。

（『福田歓一著作集・月報』一九九八年）

〔付記〕

実は、福田さん御自身が若き日にプレスビテリアン的な家庭環境で育たれ、最晩年には、いわば無教会にも似た独立の信仰者として過ごされていたということを最近知らされて、いっそう感慨深いものがある。

【書評】福田歓一『近代の政治思想』（岩波新書、一九七〇年）

〈近代〉、とくにヨーロッパ近代は、最近、戦後民主主義にたいする風当りが強まるにつれて、評判が悪くなった言葉の一つである。それは、戦後再建の時期に民主化＝近代化のように一般化されていたことをふり返ると今昔の感を深くする。すでに一部では、戦時中に叫ばれた〈近代の超克〉の声さえ聞かれ始めたようである。しかし、安易な近代主義批判を口にする前に、ここでもまた、近代の論理が日本の精神風土の中で果たして、今日、口にされているほどに、すでに確立されているのか否かを改めて問い直してみることが必要ではなかろうか。

本書は、ヨーロッパ政治思想史を専攻する著者がまさに近代の思想原理をとくに政治思想史的意義に即して明らかにしようと意図したものである。元来、岩波文化講座において語られた講演速記に手を加えたものであり、著者が「手慣れた主題」をアットホームな雰囲気の中で自由闊達に話されたものだけに、きわめて透徹明快であり、読者は一気に読み進むことができるであろう。しかし、本書の伝える内容そのものは、まことに噛みしめて味読すべき重要な指摘を含んでいるのである。

著者によれば、人類史上におけるヨーロッパ近代の意味は、功罪ともに巨大であり、それは歴史的事実のみならず、なかんずく事実の構造的認識において決定的な貢献を果たしたと考えられる。とくに政治の世界についてみれば、ヨーロッパ近代こそは人類がはじめて政治という不可解なカラクリに肉迫し、その基本的なメカニズムを自覚した時期に他ならない。本書は、ヨーロッパにおいてこうした近代政治原理を成立せしめた現実的および思想的条件を明らかにすることを課題としている。

著者は中世政治思想解体の諸相をルネサンスと宗教改革から説き起こす。まず「自然」的秩序の中に内在していた客観的〈理性〉は、いまやルネサンスにおいて人間の理念にとらえ返される。それによって、〈作為〉としての国家観が、一方ではマキャヴェリ的リアリズムとして、他方では、ユートピア的構想として提示される。宗教改革は、人間の徹底的無力性の自覚を媒介として内面的自律性の根源的価値を基礎づける。それは、一方では領邦国家の世俗化を促すとともに、他方ではカルヴィニズムにおいて絶対主義にたいする抵抗権論を生み出す前提となる。

近代世界の現実的基盤となった絶対主義国家は、その権力と自由の相関を主権と人権の概念に結晶化させたが、まさにその両契機の緊張をはらんだ展開の中に近代政治理論の基本構図が描かれるであろう。著者は、ホッブズ、ロック、ルソーの思想系譜に即しつつ、政治観の原理的転換を跡づける。すなわち、政治社会を〈自然〉から切断する新しい〈自然〉理解の成立と並行して人間の基本的な〈自然〉権が確立されたこと、同時に、実体的秩序として具現された〈理性〉観から感性的欲求に立つ人間の自由な秩序形成能力が〈理性〉としてとらえ直されたことを明快に示す。ここに生まれた政治社会のメカニズムの自覚は、ついに国家を人間の必要に応じて組み変える人民主権論にまで徹底されるであろう。

著者は、最後に近代政治思想の現代的遺産に説き及んで「結び」としている。そこでも、たとえば革命の制度化として人民武装の原理に立つ近代国家においてはじめて、軍事や治安と切り離された社会経営としての本来の〈政治〉の観念が成立するという指摘は、日本の政治的現実に照らしてすこぶる示唆的であろう。さらにまた核兵器に象徴されるような現代世界の巨大な非合理性に直面して、なおそのメカニズムを見通し、その人間抑圧的な既成事実の組み変えを要求することこそ、近代思想の遺産たる批判的理性の精神にほかならない、と説いている。しかもそのためには、他者を批判する同じ原理で自らを吟味する自律的主体の確立の必要性を強調している。それは、革新運動の将来にたいする根源的な問いとして真剣に聞かれるべき提言であろう。

近来、古典的な政治哲学の不振が囁かれ、そうした研究がもはや政治の実証分析や理論的枠組の設定と無縁であるかのような懐疑が拡がりつつある。そうした傾向にたいして、本書は、新書版ながら、すぐれた政治理論の分析的射程の大きさを十分説得的に示した名著といえよう。

（『週刊読書人』一九七〇年四月六日号）

「たとえ明日、世界が滅ぶとも、私は、今日、リンゴの種を播く」――坂本義和氏

東大法学部の大部屋で三年間、新米の研究生として机を並べ、苦楽を共にした仲間は坂本義和君である。彼は、アメリカで生まれ、幼少期に中国の上海で悲惨な日中戦争を目撃した。第一高等学校を経て東大法学部では丸山真男先生のゼミ生となり、エドムンド・バークの政治思想について助手論文を書き、日本における平和研究を中心とする新しい〈国際政治学〉の開拓者となった。終世にわたる私のもっとも尊敬する親友である。

彼は、すでに一九五五年にはフルブライト奨学生としてアメリカに渡り、シカゴ大学の著名なリアリズム国際政治学者ハンス・モーゲンソーの許で学び、帰国後、一九五九年には雑誌『世界』に「中立日本の防衛構想」を発表して論壇にもデビューした。

当時、戦後の長い冷戦状況にたいして自明のことのように勢力均衡や核抑止の論理が声高に叫ばれてきた。坂本論文は、中立諸国による国連警察軍——これには改編された自衛隊も含まれうる——の駐留によって安全保障をはかるという新しい問題提起であり、そこには、現状分析のリアリズムを憲法九条の理想主義と結びつけようとする新しい視点が光っていた。こうした論壇活動の中で、彼は、衆議院予算委員会公聴会で公表した「日本外交への提言」（その後『世界』一九六五年四月号に掲載）という論考によって、中央公論社の「第一回吉野作造賞」（一九六六年）の受賞者となった。

その数年後、私は『展望』誌上で、憲法九条の平和論の立場から〈防衛〉の意義と原理とを問い直す思考実験として「非武装国民抵抗の思想」を発表した。当時、たまたま『朝日新聞』の「論壇時評」を担当していたのが坂本君で、「憲法に関して書かれた今月の諸論文中の〈白眉〉」として取り上げてくれた。その友情と理解に大いに励まされて、その後しばらくの歳月、不慣れな政治批評の雑誌論文にも手を染めることになった。やがて私自身に『論壇時評』担当の話まで持ち込まれてきたが、これは非力ゆえに強く辞退した。——他人の批評よりも自分の仕事に集中すべきだ、と。

その後、坂本君と直接に顔を合わせたのは、二〇〇七年一月の福田歓一氏の告別式の席であった。約三〇年ぶりの懐かしい再会は、その後の私たちの交わりを、これまで以上に深いものにした。この再会直後には、彼からは、「東京は何かと雑音で煩わせられことが多いので、貴兄が仙台に行かれたのは、日本全体の知的状況にとっても〈正解〉だったと、僕は思っています」という嬉しい手紙が来た。

この年の一〇月には、南原繁研究会で、彼と私とで主題講演を引き受けることになった（同研究会編『平和か戦争か――南原繁の学問と思想』to be出版、二〇〇八年）。事前の手紙で、彼は「南原先生を軸とする、あまり〈同志〉的な集まりにならないことも、今こそ必要」という考えから、南原批判の論点も含むことを予め伝えた上で引き受けた、とのことであった。この手紙に添えてICUの国際的シンポジウムにおける彼の講演原稿（「〈九・一一後〉の世界における平和問題」）の独訳文が同封されていた。これは、彼と私との共通の友人であるドイツの平和研究者ディーター・ゼンクハース君の手で、日本語や英語の雑誌に先だって、ドイツの国際的な雑誌にいち早く公表されたものであった。

こうした成立事情も実に愉快だったので、一気に読んだ感想を郵送した。「現代世界に対決する基本的な方向づけのための力強い指示、骨太＝明晰な分析、さらに心底からしぼり出されたような最後の〈訴え〉には、しばし絶句するような感銘を受けた」と。「日本を代表する知識人の思想と意見」がこのように明確な訳文でドイツ語圏に紹介されることに「大いなる喜悦と満足」とを覚えざるをえなかったのであった。

坂本君からも、折りに触れて、小著への読語感想が送られてきた。その一つ『ホロコースト〈以後〉を生きる』（岩波書店、二〇〇九年）について。

とくに興味深く読みましたのは、ホロコースト《以後》の宗教的・神学的再解釈の努力が試みられていることについての記述です。……イスラエル国家について、これまでにも、また今も、〈イスラエル自身がホロコーストにも似た行動をとり、それをホロコーストの歴史で正当化しているのではないか〉という疑問は、世界の多くの人々の心に懐かれています。……そして、良識ある世界中の人間にとって、このようなイスラエルを支持するアメリカの二重基準は、ユダヤ・ロビーの力という以外に、説明のしようもない、現代の良心のトゲとして今日にいたっています。……私は、一九七〇年代の末に、ガザに行きましたが、あの狭い地域に、産業もなく、貧しい一〇〇万（当時）を超える住民が密集して生きているのに衝撃を受けました。職もなく、昼間からあちこちでたむろしている若者がいましたが、彼らの中からハマスに加わった人がいても不思議ではありません。車で横断すると、すぐ海岸に出るのですが、沖にイスラエルの軍艦が遊弋しているため、漁業もろくにできません。それと鋭い対照をなして、ガザ北部にはユダヤ人〈入植地〉の邸宅が、緑の芝生や青いプールなどに彩られて、フェンス越しに別世界をつくって点在していました。

……それだけに、ご本の中で、〈アブラハム的エキュメニズム〉、さらに〈ユダヤ教的解放の神学〉などについて教示してくださったのは、本当に救いでした。内からの変革に期待する上で、貴書は新たな希望を与えてくれます。〈ホロコースト《以後》は、植民地主義と戦争犯罪の歴史だった〉と後世言われることのないよう強く願っています。

坂本君は、亡くなるちょうど一〇年前に、その研究活動を総括した『坂本義和集』（全六巻、岩波書店、二〇〇四年）を刊行し、その三年後には自伝（『人間と国家　ある政治学徒の回想』（上・下、岩波新書））もまとめている。その時に送った私の感想から。

研究者人生の最後に、これだけの明快な総括ができる貴兄に畏敬の念を禁じえませんでした。すぐれた世界の先端的研究者とのあいだに開かれた人脈の豊かさ、そこから生まれた幅広い関心と新しい分析や目配り、国際交流と実地体験——北朝鮮やパレスチナの話はすでに伺っています——にもとづく研究を続けてこられたことは驚きの連続でした。これまでも小生が貴兄の発表する新しい論文によって、いつも時代の動向を大観しうるオリエンテーションを与えられてきた秘密に触れえたように感じた次第。

それにしても〈自伝〉的文章としては、貴兄の学術論文を読むときと同じ——一読して趣意を了解できる——明快さは社会科学者の文章そのもので、文学者の文章によくみられる気取りや曖昧さがありませんね。以前に隅谷三喜男先生のご専門ではないご本の幾つかを読んだ時の印象と似ているのを感じました。

こうした中で、とくに私の関心を引いた二点についてのコメント。一つは、上巻の初めでキリスト教信仰について触れた箇所で、南原先生ではなく丸山先生のスタンスに引かれた、というところ。しかし、「丸山先生御自身も、同じように教派的な意味では〈信仰告白なき無教会派〉とも言うべき普遍的価値基準へのコミットメントを南原先生から学ばれた点では貴兄にも通じるところがある」のではないか、と。

さらに、それと関連して、下巻の終わりにあった「普遍的な人権は民族や国家の境界を越える思想」という表現について。「普遍的な原理は、地上的な制約を超える〈超越的原理〉として人間を規定しうるということであり、時代批判の中で安江〔良介〕さんを〈戦友〉として共に市民的責任を担ってきたこと、さらにそれは、二一世紀の〈地球政治〉における〈他者のいのちに対する畏敬〉という課題にまで通じるもので、こうした思考と態度決定は、小生からみれば——もはや単なる〈精神的同盟者〉という言葉には尽きない——深い共感と喜びとを生み出してくれました」と。

かつて彼は、キリスト教信仰の問題について葉書をくれたことがある。御両親は「熱心な国際派のクリスティアン」だったが、「戦中・戦後の日本のクリスティアンへの不信」から「宗教に距離をおくようになってしまいました」と。その後、御夫妻で拙宅を訪ねてこられたとき、たまたま、このことが話題になった。彼の家庭を訪問してきたゼミ生から、「先生はキリスト者ですか」とよく聞かれるのだという。そうしたとき、坂本君は、いつも明確に否定するのだが、夫人によれば「自分より以上にクリスティアンらしく感じられることが多い」というお話。私は、即座に、それと同意見であることを表明した——彼の不機嫌そうな顔つきにもかかわらず。

最後に二〇一一年三月の東日本大震災の思い出。このとき坂本君が、早速、見舞いの電話をくれて、そのとき「地球戦争」という言葉を使ったので、私は愕然とした。この直後に雑誌『世界』の編集部から依頼を受けて、私は「いま人間であること」と題して原稿を送った。「考えてみれば、私たちが現に生きている文明社会は、自然を破壊し、自然から収奪することによって、今日まで成り立ってきました。今回の出来事は、これまで私たちが無視してきた自然の大きな力によって、しっぺ返しを喰らったというのが真相ではないでしょうか」（『世界』二〇一一年五月号）。

「生きよ！」と題するこの『世界』特集号には、岡本厚編集長の計らいで、「人間のおごり」

と題する坂本君の論考とともに、現場からの生々しい体験報告として、私たち両名のエッセイが巻頭に並べられていたのも忘れがたい思い出である。坂本君は、いつもの地震とは違う異常さを感じ、家の外に飛び出して、「とっさに頭をよぎったのは、怒った自然の前で、自分がこんなに小さく無力な存在なのかということだ。……〈地球にやさしく〉というスローガンは無意識の人間のおごりであって、人間に対して〈地球がやさしく〉してくれる時に、人間は生きていられるのだという直感である」と記していた。

坂本君は、幼少期に体験した日本の侵略戦争とそれに協力しながら戦争責任を自覚しない戦後の教会指導者たちの姿を目にして、幼児洗礼を受けた（？）自分を、あえてキリスト者ではありえない〈棄教者〉と規定し、いわばキルケゴール的な逆説を表明していたのではないのか、などと考えたくなる。亡くなられた後で、夫人から『著作集』に未収録の論考を収めた遺著『平和研究の未来責任』（岩波書店、二〇一五年）が送られてきた。

その末尾におかれているのは、明治学院創立一五〇周年記念の講演をもとに加筆・修正した草稿「〈いのち〉を生かす、たたかいの研究」と題された論考である。この講演の翌日に入院。退院して後、自宅で療養しつつリハビリに励んでいたが、翌年一〇月に死去。この論文が絶筆となったのであった。その巻頭の言葉。

〈戦争〉とは何か。普通、国際政治論では、「戦争とは国家と国家の武力による戦い」と言われる。だが、実際に戦争するのは〈国家〉ではない。人と人が殺し合いをするのだ。これが、戦争をした人間の、生々しい体験である。

続けて現代戦争のさまざまの形態と局面とが詳述された最後に、締めくくりとして有名なルター伝説の言葉が引かれる。

〈たとえ明日、世界が滅ぶとしても、私は、今日、リンゴの種を播く〉という言葉がある。たとえ明日、日本が、あるいは世界が壊滅するかもしれないとしても、〈いのち〉の尊厳のためにたたかい続けるのが平和研究でなければならない。〈平和〉とは、決して平穏な状態を意味するのではなく、〈いのち〉を生かすための、絶えざるたたかいのプロセスに他ならないのだ。

5　東北大学法学部の学風

東北大学の思い出

東北大学に法文学部が創設されたころ、阿部次郎その他の有名教授たちのあいだで仙台を〈日本のハイデルベルク〉にといった考えがもたれていたと言われます。古城とネッカー河とをもつ大学町ハイデルベルク――それは、たしかに当時の仙台のイメージと無縁ではなかったことでしょう。仙台は、余りにも有名な『荒城の月』の城跡を背後に、ネッカー河ならぬ広瀬の清流を控えた、わが国有数の帝国大学の町だったのですから。

〈日本のハイデルベルク〉東北大学のイメージは、近来、ますますハッキリしてきたのではないでしょうか。法文学部創設のころには、まだ第二師団の所在地として仙台は軍都の名前とも結びついていました。しかし、今では、仙台は名実ともに大学町としてその存在を示しています。主要キャンパスは元師団跡の青葉山・川内地区に拡がっていますし、ひところ汚染を騒がれた広瀬川も、環境対策よろしきをえて、今では昔ながらの姿をとり戻してきました。その清い流れの周辺は、数多い野鳥の楽園となっています。

一九五六年春、私が法学部の若い助教授として赴任してきた当時、仙台は戦前ほどではなかったとしても、なお〈杜の都〉の名に恥じない豊かな緑をもち、初夏にはカッコーの声が響く町でした。学部の研究室には中川善之助、木村亀二、清宮四郎といった錚々たる長老教授が顔をそろえ、輝かしい伝統が、なお健在であることを印象づけられました。

最初に迎えた夏休み――それまで高知に生まれ、学生時代を京都、東京で過ごしてきた体験に較べて――仙台の夏がとてもしのぎやすく、勉強の能率が上がったことに自分でも驚いたものでした。それ以来、三六年間、優れた先輩・同僚たちと共に、さらに勉強好きの学生たちに囲まれて、自由かつ楽しく研究・教育活動を続けえたことは感謝です。

私は東大の研究室時代に南原繁総長の学風から強い影響を受け、ドイツ政治思想史を専攻し、とくにナチ・ドイツの問題、〈国家と宗教〉の関係が私の研究テーマとなりました。東北大学では、法文学部以来の中央図書館方式によって、他学部の購入した豊富な文献・資料にも自由に近づきやすく、私のような〈学際研究者〉にとっては、ひじょうに便利かつ有益でした。

一九六〇年に初めてドイツに渡り、テュービンゲン大学に二年間留学しました。それ以後も何度か、まとまった滞在期間をあたえられて海外に出掛けましたが、その中でもハイデルベルクの研究者とは、とても親密な交流をもつことになりました。

この間に、さまざまのテーマでヨーロッパ思想史を対象とする仕事を学術書としてまとめることができました。さらにヨーロッパとの対比の中で、現代日本の問題を分析した評論集なども手がけました。仙台という地の利なしには、こうした仕事はありえなかったことをつくづく痛感させられています。


一九八四年四月から法学部長を務めることになり、身辺の生活が一変しました。これまで、自宅で研究・執筆することが多かったのに、毎朝、迎えの車で大学にいわば拉致されて行く身となりました。任期中は、当分、いっさいの研究活動は二の次にして、管理業務に専念することを決意せざるをえなくなったのです。しかし、これまで私が東北大学で営んできた研究活動そのものが、こうした管理職の仕事を担ってくれていた多くの方々の労苦に負うていたことを、あらためて感謝をもって思い知らされた日々でもありました。

それまで、一研究者として〈タコ壺〉に閉じこもって過ごしていましたが、管理職の立場から学部、ひいては大学全体の在り方についても考えることを学ばされました。怪しげな〈臨教審〉の教育改革の掛け声を受けて国立大学協会でも入試改革のあわただしい動きがあり、こうした中で、教育方法の再検討についても厳しく目を開かれる機会をもちました。とくに公務として全国レベルでの会議に参加し、金沢や京都、神戸、熊本などで新旧の多くの知友に出会い、新しい知見をあたえられたことは、ささやかながら〈役得〉と言うべきでしょうか。

　学部長は同窓会長でもあり、東京の同窓会総会などでは、多くの卒業生たちとも再会するチャンスがありました。政府与党系の代議士になってやって来た人たちから、私の政治思想史を聴講したことがあり、「マキァヴェリの授業は面白かった」などと話しかけられて内心忸怩《じくじ》たる思いをかき立てられたものです。今では、〈一〇〇年に一度〉と口にされるきわめて厳しい時代と社会になりましたが、同窓生諸氏が日本の将来を担う真に新しいリーダーとして活躍することを心から念じています。


　私は、一九九二年春に退官した後も、気に入った仙台の地に腰を据えて、いっそう自由な立場から研究と執筆を続け、かつて共に学んだ一部の卒業生たちと読書による交流の場をもってきました。昨年春には八十路を越え、体調管理に注意しながら、旧稿を整理してこれまでの仕事を『宮田光雄思想史論集』（全八巻、創文社）にまとめようとしています。

　東北大学を通して充実した研究・教育活動を続けてこられた感謝のしるしとして、蔵書の一部を大学図書館に寄贈し〈宮田文庫〉を作ってもらいました。現在、すでに納入・分類の終わったものだけで一万冊を越えているはずです。ほぼ同じ数の図書が未整理のまま私の手元に残っており、なお暫くは元気でいなければなりません。暇な時間がありましたら、いつか東北大学図書館のホーム・ページを開いて、「特殊文庫解説」から〈宮田文庫〉の中に収められている稀覯本もご覧ください。

（東北大学法学部同窓会編『五〇周年記念誌』二〇〇九年一〇月、所収）

〔追記〕

東北大学の思い出の中から、とくに記憶に残る幾つかの場面について記してみよう。

私が一九五六年春から担当したのは「政治学史」（＝政治思想史）の講座である。駆け出しの若造の講義内容はどう見てもお粗末なものだったが、しかし、二七歳という大学で一番若い助教授の身辺には、いつも年齢の近い学生たちが集まってきた。初夏の頃には授業のあと、彼らと、時折、向山から八木山にかけて拡がっていた幾つかのイチゴ園に出かけ、露地イチゴの新鮮な味覚を楽しみながら歓談した。周囲にはお花畑が開け、頭上では野鳥が囀り、時には〈テッペンカケタカー〉という空を渡るホトトギスの叫び声も聞こえ、今では、まるで幻想の世界のように思い出される。

数年後には若者のあいだで〈歌声喫茶〉の合唱が流行するようになり、大勢で森を歩きながら路傍の岩場に腰を下ろし、代わる代わる美声を競ったりもした。当時は、ロシア民謡がよく歌われていたようだ。熱心な学生たちの中には、拙宅にまで訪ねてくる者もあり、やがて家庭集会から定期的な聖書研究会の仲間に加わる者も出てきた。

一九五〇年代の半ば、まだ所得倍増政策以前の若者たちの生活は貧しかったが、大学進学率も高くない頃とて、彼らは読書に意欲的だった。昼過ぎに始まった会合が夜まで続き、電車のなくなった夜の街を、彼らは下駄の音を鳴らしながら帰っていった。私の乏しい蔵書の中から提供した数百冊の本を、彼らは互いに競争するように読みあって議論した。文学や人生論のほか、社会科学の本が多く取り上げられ、一九六〇年夏の安保条約改訂をめぐる市民運動には、彼らの多くは街頭デモに加わった。

仙台に赴任した一九五六年の秋、私は「ドイツ・ファシズムの思想史的基盤」と題して、東北法学会で報告した。いわば学部の同僚や助手・院生を前にした就任講演のような趣きだった。当時、法学部の長老だった木村亀二教授とのあいだに、ファシズム理解の方法論をめぐって激しいやりとりをしたことは忘れ難い。木村先生は、若き日のヨーロッパ留学時代に、近代法思想史研究資料を収集するため、イギリスの有名な政治学者ハロルド・ラスキと競争されたこともあるという風評の高かった方だけに、その時の論鋒には鋭いものがあった。しかし、私の論考は、この年の『思想』(一二月号)誌上に発表する予定で、すでに編集部に届けてあったものでもあり、自分の立場を最後まで譲ることは出来なかった。

この論文は、その後、ドイツ史家や評論家（加藤周一氏など）に注目され、引用された。そうした反応にいささか意を強くされ、フンボルト財団奨学生として留学中の研究を補充した上で、財団への「研究報告」のため独訳して提出した（『思想史論集5』所収）。

元来の『思想』論文を岩波書店の編集部に紹介してくださったのは丸山真男先生であった。それが機縁となって、先生を座長とする岩波講座『現代思想V』（一九五七年）の共同執筆者の一人に加えられ、「ナチズム」の章について分担させられた。それ以後、思想史研究と並んでナチ研究にしだいに深入りするようになった。後に『ナチ・ドイツの精神構造』（岩波書店、一九九〇年）をまとめたとき、「付録」としてこの補充した論文を巻末に加え、ナチ研究へ導いてくださった丸山先生に献呈して感謝の微意を表わした。


比較的穏やかに過ごした法学部生活の中で、激動の嵐のような体験を余儀なくされたのは、六〇年代末から七〇年代初めにかけての大学紛争の時期である、東大医学部に始まり全国的に拡大されたこの紛争は、六〇年代末には仙台にも波及。私は、法学部教授会で選出されて、学生補導の第一線に立たされた。相棒となった樋口陽一教授とともに、連日のように夜討ち朝駆けで補導委員会に呼び出され、学生たち＝共産党系の〈民青〉とそれに対立する〈全共闘〉との集団交渉のダブルヘッダーもしばしば。彼らの集団対決の際に割って入った教授の中には負傷者も出る始末。

私自身の授業も「帝国主義大学解体」を叫ぶ造反学生たちに占拠され、激しい討論の場と化したこともあった。教官の〈自己否定〉の告白を迫る学生たちに向かって、私は〈自己否定〉という言葉は私自身には何ら新奇さのない日常的な〈信仰的〉課題であり、新しがっている諸君が一〇年後に、なおそれをもち続けているかどうか見せてもらいたいものだ、と教育への希望を強調して譲らなかった。その後、〈大学の自治〉を守ることによって大学改革、ひいては日本の現実政治批判を可能にする理論武装の必要性を痛感して緊急に刊行した小著が『現代日本の民主主義』(岩波新書、一九六九年九月)であった。

〔付記〕

このときの相棒だった樋口教授は、その後、東大に移り、〈われわれの民主主義の理念〉の擁護者(大江健三郎氏・評)として活躍された。彼の新しい自伝『戦後憲法史と併走して』(岩波書店、二〇二四年)における〈護憲〉の思想と行動をも参照。

全学的に関わりのある体験としては、退官数年後の東北大学全学同窓会(二〇〇〇年秋)での学術講演「笑いの政治学」について触れておく。文科系理科系の全学部にわたる同窓生が集まる会合だということで、なるべく参加者の多くの方々が関心をもちうるテーマをと考え、熟慮の上で選択したのであった。分析視角をめぐる理論的説明などは短くして、具体的な素材にはナチ時代の〈ヒトラー・ジョーク〉を用いた。日本のジャーナリズムでは、当時もなお〈ヒトラー・ブーム〉は相変わらず一般的関心がもたれているように思われていたのだから。講演では、代表的なヒトラー批判のジョークの例話には、しばしば、満場の聴衆から愉快そうな笑いの反応がつづいた。

しかし、講壇真下の最前列に並んで座っていた同窓会長と学長のお二人――著名な電子工学や機械工学の権威――は、終始、笑いを欠いたまま生真面目な表情を崩されなかった。これは、講演者としては、実に話し難いという感をもたざるをえなかった。講演後、私に近寄ってこられた同窓会長は、口を開いて一言。「あなたは学士院賞をもらっていたのではなかったですか」と。察するところ、厳粛・難解な学術講演によって東北大学のレベルの高さを示すべきだ、という批判だったようだ。

しかし、私はこう考える。権力者批判のジョークも重要な〈政治的言語〉の一部であり、学術的な研究の対象たりうるものだ、と。実は、これまでも私は、ナチ支配下における〈無意識〉の類型や構造（＝さまざまの〈悪夢〉体験の実例や告白）の分析を全国民主主義教育研究会で学術講演として行なったこともあったのである。同窓会講演の二年後、これらの講演——それぞれ、「地下の言語」「深層の言語」と改題した——を含め、『ナチ・ドイツと言語——ヒトラー演説から民衆の悪夢まで』（岩波新書、二〇〇二年）を公刊して、出版社から同窓会長と学長に送ってもらった。お二方からは、残念ながら何の感想も伺うことは出来なかった。

最後に、東北大学付属図書館に寄贈した〈宮田文庫〉について、短く言及しておきたい。東北大学では一〇名余の個人文庫が収蔵されている。全国的にも有名な狩野文庫（一〇万八〇〇〇冊）や夏目漱石文庫（約三〇〇〇冊）は別格として、宮田文庫（約一万五〇〇〇冊）は冊数上は二番目に多く、図書館の係員の話では、大学院生たちによく利用されている文庫の一つだということ。

最近では他大学の研究者にも活用されやすくなったようで、西日本の大学の先生から、学位論文作成に当たって宮田文庫の特殊資料が役立った、と礼状が来て驚かされた。それは、ナチ時代にユダヤ人の妻子と運命的な自死を共にした作家・詩人ヨッヘン・クレッパーに関する論文だったようだ。クレッパーの詩集からは『讃美歌21』にも三篇が入っている。なお、小論「みつばさの影に」（『聖書の信仰Ⅶ』岩波書店、所収）を参照。

宮田文庫には、以下のような政治学・思想史の一次資料や二次文献が収蔵されている。

①ドイツ政治思想史。とくに一八―一九世紀（カント、ロマン主義など）、さらにヴァイマル時代、ナチ・ドイツ（ヒトラー研究、ナチ国家論、国内亡命、抵抗運動など）、東西ドイツ、戦後思想（ネオ・ナチズム、実存哲学、フランクフルト学派など）。
②キリスト教政治思想史。とくに原始キリスト教、宗教改革、教会闘争、現代神学（カール・バルト、ボンヘッファーから解放の神学まで）。
③平和研究。とくに平和思想史、市民抵抗論、平和教育論、環境倫理など。
④その他、日本キリスト教史、キリスト教イコノグラフィーなどに関する研究書や資料。

比較的珍しいオリジナル資料としては、一九六〇年代のネオ・ナチズム資料がある。幾つかの組織の代表的な小冊子や党機関紙誌から、選挙集会の際に候補者が演説用に手にしたカードの類いまで多彩なオリジナル資料も入っている。

これらの基礎資料を踏まえて公刊した私の著書『西ドイツの精神構造』（岩波書店）には、一九六九年度の日本学士院賞があたえられた。授賞式後には、研究のために使用した珍しい資料を展示室で公開することが決まりになっていた。私の展示テーブルの上に並べられた資料集の中には、おそらくドイツ本国でも一般市民の目には触れられることの少ないネオ・ナチズムの新聞やパンフレットが並んでいた。表敬のため来会していた西ドイツ大使館員がそれに目をとめて見たときの驚きと困惑の表情は、いまもって忘れ難い。

以下には、東北大学付属図書館〈第一三回常設展〉に出展された「宮田文庫解説」から、興味深い数冊の書名のみ例示してみよう（いずれも別置資料室に収納）。

Karl Barth, Der Römerbrief, Bern, 1919.

カール・バルト著『ローマ書』の初版。初版は、当時まだ著者が無名だったため、引きうける出版社を捜すのに苦労し、わずか一〇〇〇部しか刷られなかった。当初スイスの小さな出版社では三〇〇部しか売れなかったが、たまたまミュンヘンの Chr. Kaiser 社の目にとまり、残部七〇〇部に Kaiser 社の印を捺してドイツ国内で完売し、一躍バルトの存在が知られゲッティンゲン大学に新設された改革派神学の教授として招聘された。

Karl Barth, Der Römerbrief, München, 1922.

カール・バルト著『ローマ書』の第二版。ゲッティンゲン大学教授に就任する直前に脱稿した。バルトは、旧版から「石ころ一つも残っていない」全面改訂版であると言明している。バルトの名前をヨーロッパに轟かせることになったのは、この第二版に他ならない。

Karl Barth, Theologische Existenz heute!, München, 1933.

カール・バルト著『今日の神学的実存』の初版本。後の同名双書の第一冊として刊行されたもの。バルトはこの一冊をヒトラーに送りつけた。トーマス・マンの『日記』には、当時、亡命先のスイスでこの小冊子を読んだ感動と共感が記されている。

Martin Niemöller, Reden 1958-1961, Frankfurt am Main, 1961.

ドイツのルター派神学者マルティン・ニーメラーの講演集。ニーメラーは第一次世界大戦中に潜水艦長として活躍し、その後神学を学び牧師となった。本書は、第二次世界大戦後にドイツの罪責告白を国民に訴え続け、さらにドイツ核武装に反対し世界平和を訴えた講演集。〔ニーメラーから贈られた本書の〕扉に、宮田に対する献呈辞（「一九六〇年五月一三日に東京で行われた対話に対する心からの感謝を込めて――それは理解に充ちた話し合いであり、望むらくはお役にたつものでありたい」）を含む署名がある。この時の対談「現代世界における政治と宗教」は、『世界』（岩波書店）一九六六年九月号に発表され、後に宮田著

『日本の政治宗教』(朝日選書、一九八一年)に収録されている。

II　ヨーロッパ研修の旅

カール・バルト　1961年
（G.ミュラー撮影、本書91頁参照）

1 〈神の愉快なパルチザン〉――カール・バルト先生

カール・バルト生誕一〇〇年記念に

この〔一九九六年〕五月一〇日は、カール・バルト生誕一〇〇年にあたる。彼はスイスの生んだ今世紀最大のプロテスタント神学者の一人である。

バルトは、すでに一九二〇年代に、〈危機神学〉ないし〈弁証法神学〉の運動を率いてヨーロッパ神学界＝思想界に一大衝撃をあたえた。ナチ政権の成立した頃にはボン大学の教授になっていたが、一九三五年にはヒトラーにたいする官吏宣誓を拒否したかどで退職させられた。それ以後、バーゼル大学に移り、一九六八年に亡くなるまで、バルトの神学的・政治的発言は、しばしば、教会的・政治的に重大な事件となって世の注目を浴びた。〈神の愉快なパルチザン〉というのは、いわば、こうしたバルトの生涯の歩みにたいして名づけられた一つの愛称である。いったい、それは、どういう意味だろうか。

これまでもバルトの名前に張られてきたレッテルは、数少なくない。すでに『ローマ書』をひっさげて登場した初期の頃には〈預言者的断絶の人〉と呼ばれ、反ナチ教会闘争の時代には輝かしい〈バルメン神学宣言の父〉となり、さらに晩年には〈スコラ学的広がり〉をもつ記念碑的な〈『教会教義学』の著者〉として知られるようになった。こうした形容詞の幾変遷は、バルトの思想展開における重要な画期を浮きぼりしていると言ってよいであろう。もともとカルヴァン主義の地盤に育ち、若い日には「神の神たること」を超越性にみていたが、やがてしだいに〈キリスト論的集中〉の立場から「神のヒューマニズム」を強調するようになった。

それは、神が人となるイエス・キリストの出来事にあらわれる神の恵みの意志を人間存在のすべての前提とみなす、力強い〈神的肯定〉の論理にほかならない。したがって、バルトは、この世の人間の問題にたいしてシニカルに背を向ける文化的ペシミストには決してならなかった。モーツァルトの音楽にたいするバルトの愛好ぶりは、よく知られているとおりである。彼は、神の恵みの意志に支えられて、溢れるばかりの主体的自由に生きる。それは、〈この世的なもの〉にたいしても、とらわれないで批判的に連帯することを可能にした。

バルトは、しばしば、〈原則的否定論者《ナインザーガー》〉と呼ばれてきたが、こうした悪評は決して当たらない。たしかに、彼は〈原則的ナインザーガー〉ではなかったが、およそいっさいの〈原理主義的なもの〉にたいする否認者ではあった。彼は、ナチ時代には、その反ユダヤ主義や指導者崇拝にたいして断固として闘った。また戦後には、西欧世界における反共主義を「現代最大のパリサイ主義」として批判する少数者の一人となった。人間の自由を窒息させ自発性を奪うさまざまの社会的・政治的タブーやドグマの支配するところでは、バルトの〈否〉は容赦するところがなかった。

こうして、バルトが自己充足するエスタブリッシュメントにとっての厄介な〈妨害者〉となる、果てしない異議申し立て＝パルチザン活動がつづいたのであった。〈パルチザン〉という言葉には、もともと特定の党派に与《くみ》するものという意味がある。バルトは、まさに〈神のヒューマニズム〉に加担するものとして行動する〈神のパルチザン〉にほかならない。それとともに、パルチザンというのはゲリラ＝遊撃兵のことであり、ねばりづよさや機動性を特徴とする。バルトの思想と行動は、つねに神の言葉に固着することによって、「謙遜《けんそん》と勇気の弁証法」に貫かれている。彼の弾力的でリアリスティックな政治批判も、まさにそのことをはっきり証明していると言ってよいであろう。

かつてバルトは、戦後の東欧における社会変革の中で動揺する東欧の教会に向かって、語りかけた。「国家秩序の〈小なる〉転換は、イエス・キリストの出来事に示される〈大いなる転換〉の光の中に立つ」と。それは、キリスト者として「国家秩序の転換」に真剣に関わることを求めはするが、同時にまた、それに対して冷静に距離をおいてみることを可能にするだろう、という。キリスト者は、すでにキリストの出来事において勝ちとられた神の闘いに、ただ追尾するかたちで参加する〈神のパルチザン〉にほかならない。神の恵みの確かさゆえに、この闘いは、バルトにとって「落ち着きとユーモア」をもって担われることができたのである。

こうしてバルトについて記そうとするとき、半世紀近い今なお、講壇に立ったバルトの風貌《ふうぼう》を活き活きと思い浮かべることができる。それは、私にとっては、まったく僥倖《ぎょうこう》とも言うべきバルト『和解論』におけるキリスト教政治倫理を論じる講義だった。「御国を来たらせたまえ」という「主の祈り」の一節をめぐって、終末論の光のもとで「キリスト教的生」を扱ったものであった。シリアスなテーマをめぐる議論だったにもかかわらず、教室は、——ときどき顔を上げて微笑を浮かべた——バルトの諧謔《かいぎゃく》混じりの講義によって、しばしば爆笑に包まれていた。

バーゼル大学といえば、当時なお健在のヤスパースの講義を聞く機会にも恵まれた。貴族主義的風貌をしたヤスパースは、その講義でも壇上に端然と襟を正してすわり、ほとんど眉一つ動かさず明晰な発音で「超越の暗号」について語っていた。大講堂いっぱいの聴講者なのに、まったく咳の声すら起こらぬ厳粛な雰囲気が支配しているのには、すっかり驚かされた。この対照的な二つの教室の様子は、いまだに鮮やかに私の記憶に刻まれている。

そこには、〈キリスト者の自由〉の特質が、きわだってあらわれているのではなかろうか。バルトの七〇歳誕生記念論文集の中に、一風変わった論文が載っている。それは、「カール・バルトの神学思想におけるスタイルの要素としてのユーモアについて――笑うバルト」と題するものである。教会闘争以来のバルトの盟友ハインリヒ・フォーゲルが執筆した回想的な文章である。そこでは、バルトの〈快活さ〉が天性自然のものというよりも、「いと高き救い主について思考することによって新たな自由にあずかっている者のもつ快活さ」である、と断じられていた。たしかに、晩年のバルトの著作活動をめぐっては、「神のユーモア」や「神の笑い」について記されることが多いように思われる。それは、単なる言葉でなく、じっさい、著者バルトその人の日常の中にも生きていた素朴な信仰――あえて言えば――子どものような信頼にもとづくものだったのは確実であろう。

（『朝日新聞』一九八六年五月九日号）

バルト追想

この五月一〇日〔一九六九年〕の八三回目の誕生日をまつことなくバルトもついに長逝した。

彼の伝記作者の表現を用いれば「バルトは強烈に生きた」（K・クーピッシュ）。〈神と人間との質的差異〉を説く最初の著作『ローマ書』以来、晩年にいたるまで、倦まずたゆまず仕事をし続けた集中力と、その密度の高い生涯の歩みには驚嘆せざるをえない。彼の神学的思考は、時代の動向にたいする果てしない異議申立と批判に結びついていた。それは、第一次大戦の勃発に際して、若き日に味わった〈原体験〉につねに忠実たり続けたものだと言うこともできよう。その時、彼は、それまで尊敬してきた神学教授たちがドイツ帝国の戦争政策にたいして一致して賛意を表明したことに衝撃を受けたのだった。「聖書と新聞」を読むことを一日の日課としていたバルトにとって、この基礎体験こそ彼の生涯をつき動かした原動力であったことを忘れてはなるまい。

たしかに、バルトの死とともに二〇世紀における神学界、ひいては思想界全体に一つの幕がおろされたという感は深い。彼に続いてヤスパースの訃報に接するとき、偉大な〈使徒時代の終焉〉とでも呼びたいような感慨に打たれざるをえない。今後は、おそらく壮大な〈スコラ学的〉体系ではなく、分化した各専門領域における問題提起を継承すること、また新しい辺境領域において開拓していくことこそが期待されるのではなかろうか。そのような分野の一つとしてバルトにおける政治倫理の問題があると思う。

第二次大戦後のバルトの政治的発言や行動に対しては、政治生活を神学化し、国家領域における神学的専制をもたらす〈キリスト論的神政政治《テオクラシー》〉だ、という原理的批判がしばしば投げかけられてきた。しかし、バルトの政治倫理は、基本的に〈状況倫理〉としての性格をもち、そこには〈即事性《ザッハリヒカイト》の論理〉を容認する余地がなお残され、それをあくまでも信仰にもとづく倫理的決断として位置づける努力を示してきたように思われる。彼の神学的主導の下にまとめられた「バルメン宣言」は、そうしたバルト政治倫理の基調を示す代表的ドキュメントと言ってよいであろう。

その第五テーゼにいわく。「国家は神の定めに従い、教会もまたその中に立つ未だ救われざる世界にあって、人間的洞察と人間的能力の量《はか》りに従って、権力《ゲヴァルト》の威嚇と行使の下に、法と平和を守る課題をもっている。……教会は、神の国、神の戒めと義を想起させ、それによって統治者と被治者との責任を想起させる」。最近（一九六三年）になって、バルトはヴュルテンベルクの教会兄弟団の人びととの対話の中で、この宣言の第五テーゼの修正を提案している（追記、参照）。

今日なら私は、単純に「国家は法と平和を守る課題をもつ」と言うだけにはとどまらないでしょう。いっそう完全な概念を導入して、こう言ったことでしょう。「国家は公、共、的福祉に仕え、それゆえ法と平和と自由とを守る課題をもつ」と。（この自由という美しい概念は一九三四年には見当らなかったのです！）むろん、この〔第五〕テーゼにおける「権力《ゲヴァルト》の威嚇と行使の下に」には「緊急非常の場合には」という言葉が追加されうるでしょう。〔さらに〕私はこう定式化することでしょう。「教会は神の国と義と戒めとを宣教し、キリスト者と非キリスト者とにその政治的責任を想起させる」と。その際、私の理解はつぎの通りです。キリスト者は――彼ら自身が国家なのです。けっして別の人たちではありません――国家の存立のために祈るのみならず、そのために働かねばなりません。祈禱と労働《オーラ・エト・ラボーラ》の結合という原則が実践され実証されることが必要でしょう。

ここには、核時代における国家権力の在り方と社会的変革に生きる市民的責任とを問い続けるバルトの変わらない政治的批判の情熱が感じられる。むろん、そこには、なお現代政治にたいする社会科学的分析とプロテスタント的エートスとを原理的にいかに相即させるかという困難な認識作業が残されていることも否定できない。バルトの逝《い》ったいま、ちょうど一〇年ほど前に一度試みたバルト政治倫理の研究をふたたびとり上げ、現代に要求される政治行動の倫理的基礎づけという原理的課題に本格的に取り組むべきことを改めて痛感させられている昨今である。

（『理想』一九六九年六月号）

〔追記〕

敗戦後の精神的混迷の時期に、キリスト教信仰の門をくぐった私の貧しい歩みも、直接的・間接的に、バルト先生の神学的展開に導かれてきたことを痛感せざるをえません。

天皇制教学の価値体系が崩壊する中で出会った〈危機神学〉の明快な〈否定〉の論理は、当時の〈精神的アノミー〉状況から脱却する理論的武器を私にあたえてくれたのです。とくに戦後まもなく出版された『教義学要綱』は、井上良雄先生の名訳にもよって、私のバルト愛好を今日まで決定的なものにした座右の書となりました。ドイツ政治思想史の研究者としての途を選びとってから、この分野でもまた、バルト先生の戦中・戦後の政治行動や発言から教えられるところが少なくないことを発見しました。

私のヨーロッパ遊学にあたって、バーゼルに近い南西ドイツの大学町テュービンゲンを選んだのも先生への関心と決して無縁ではありませんでした。一年後には何とかドイツ語の会話にも少し慣れて、『ローマ書』の執筆されたザーヘンヴィルの村の古い教会と牧師館とを探したり、バルメン－ゲマルケ教会に教会闘争の昔を偲ぶ旅に出かけたりしました。また同じ頃、テュービンゲン大学神学部助手のゴットホルト・ミュラー氏に案内されて、バーゼル郊外の書斎に先生を訪ねることが許されたのも、忘れ難い思い出です。

それまで一九三〇年代の〈戦闘的〉な先生の肖像になじんできた私には、お目にかかった瞬間には、先生が思っていたよりも老けて見えました。しかし、話し始められると、積極的な関心のもち方、政治への弾力的な考え方など変わりないことに気づかされました。

私の思想的遍歴の中で『ローマ書』から『教会教義学』まで、先生から信仰的に大きな導きと支えとを得てきたこと、とくに教会闘争の問題いらい、専門の政治倫理に関しても多くのものを教えられていることを話しました。先生は、ほほえみながら、たえず「そう、そう」とうなずかれていましたが、とくに『福音と律法』を初めて読んだときの感銘を話しますと、「あれは私の著作の中でも、きわめて重要な意味をもつ仕事です」と身を乗り出され、私が教会闘争に触れると、とても熱心な面持ちで「この問題をどのような観点から研究しているのですか」と尋ねられました。

日本の教会の戦争体験と較べて、対照的な歴史的事実に関心をそそられてきたこと、しかも、当時のドイツの状況の中でも、組織的に強固に見えた革新政党や労働組合がナチ政権にアッという間に弾圧されたのに較べて、弱く見える教会がかえって抵抗運動の皮切りをして最後まで戦いえたことをあげ、私が「神の御言葉にもとづく信仰的決断としての政治倫理の可能性を歴史的にも神学的にも跡づけたい」と答えると、先生は大きくうなずかれ、さらに幾つかの文献まで紹介してくれました。最後に「この年齢になって、こうした感謝の言葉を聞くことを許されるとは、何という喜びでしょう」と、同行のミュラー氏に語りかけられたのでした。

すでに二時間余、貴重な時間を割いてくださったお別れに、近づいている先生の七五歳の誕生日のお祝いを申し上げて、先生の面前で日本から携えてきた色紙を取り出し〈折鶴〉を作りました。それを先生に手渡しながら「日本では、通常、これは健康と長寿とを祈るシンボルなのです」と説明しますと、珍しい趣向をたいへん喜ばれました。玄関まで見送ってくださる途中、階段を降りながらミュラー氏が、「バルト教授訪問は私のヨーロッパ遊学の最大の目的の一つだ」とかつて私が彼に話したことを伝えました。すると先生は、呵々大笑しながら私の肩をポンと叩かれ、「何とお安いことでしょう」と大いに〈笑うバルト〉の面目を示してくれたのです。

こうしたバーゼルへの旅で、私は、幸運にも先生の『教会教義学』の最終講義に出席し、さらに『教会教義学』（第Ⅳ巻第一分冊）を用いた演習や同書（第Ⅱ巻第二分冊）による英語のコロキウムにも参加する機会をあたえられました。お別れのご挨拶をすると、先生は「あなたは政治学研究者《ユーリスト》でしたね」と、神学専門ではない日本から来た一風変わった研究者の存在を心に留めていてくださったことに気づかされ感激しました。

私はバルト没後五〇年記念に間に合わせるために、数年前に、やや急いだ格好で、小著『カール・バルト――神の愉快なパルチザン』(岩波現代全書、二〇一五年)を出版しました。その中で、とくに「バルメン宣言」第五テーゼについて、以下のように書き添えることを忘れるわけにはいきませんでした。

すなわち、バルメンでの審議の最終段階で、もっとも論議を呼んだのは、この第五テーゼ草案における〈国家〉規定の問題であった。検討のため深夜にいたるまで教派間の合同委員会が開かれ、そこで最後にバルトが修正案を一気に書き上げた。そのとき、彼は、当初の草案における国家を「神の秩序」とする表現を、さりげなく「神の定め」に置きかえていた。この「選択は実は意図的」(バルト)になされたのだが、何らの異論も出ないままに最終的に採択されたのだった、というのです!

戦後におけるバルトの述懐によれば、この二つの概念は、当時、激しく論争されていたものでした。「定め」(ordinatio)という概念は「秩序」(ordo)とは区別されて、「自然本性」のように人間のうちに必ず存在していなければならないといったものではなく、被造世界の中で一定の役割を果たすために神によって制定されたものなのだ、というのです。つまり、〈神の秩序〉が既存の国家秩序の〈実体化＝絶対化〉という錯誤を生んできたのにたいして、〈定め〉という表現は、まさに神の主体的＝主権的な制定意志を明確にすることを示すものだ、というわけです。これまでの「定め」という日本語の訳語自体も、そうした正当な理解を適切に伝えてきたと言ってよいものでしょう。

ついでに第五テーゼにおける「国家」の機能について言えば、「法と平和」が破られた場合、その再建のためには〈最終的手段〉として物理的強制力に訴えざるをえないでしょう。その限りでは〈正当な暴力行使の独占〉（M・ウェーバー）という〈近代国家〉の社会学的規定はバルメン宣言の表現と一致するものとして理解されるのです。私は、バルメン宣言五〇周年を記念する東京講演いらい、宣言における〈Gewalt〉という言葉を——日常的な行政行為にも関わりうる〈権力〉という訳語から——〈暴力〉に改訳してきました（『ドイツ教会闘争の研究』創文社、一九八六年）。じっさい、バルトが初期の『ローマ書』時代に、すでにウェーバー（たとえば『職業としての政治』）を読んでいたとする研究も出ています。上述の小著『カール・バルト』でも、それを踏襲しています。

2　シュヴァーベンの大学町で――アードルフ・ケーベルレ先生

アードルフ・ケーベルレ先生（一八九八―一九九〇年）は、南ドイツのバイエルン州の牧師の家庭に生まれました。エルランゲン、テュービンゲンの両大学で神学を修め、とくにテュービンゲンのカール・ハイムおよびアードルフ・シュラッターの両教授から強い影響を受けたようです。一九三〇年にバーゼル大学教授、さらに一九三九年にはハイム教授の後継者としてテュービンゲン大学に招聘されました。その専門は、ひろく教義学、倫理学、弁証論の各分野にわたっています。

主著には宗教改革の中心的テーマを扱った『義認と聖化』（一九二九年。第三版、一九三二年。戦後には復刻版。この本には、英語訳、フランス語訳のほか、邦訳）があります。これは先生の神学の基軸を構成するもので、のちに全面的に書き改めた『義認‐信仰‐新生』（一九六五年）――先生は「一つの石も、くずされないで他の石の上に残されることがなかった」と、バルトの『ローマ書』第二版の序言をユーモア混じりに引用しておられます――、さらに『罪の赦しと新生』（一九七九年）へと展開されています。ここでは、〈生活の質〉や環境問題など私たちが直面する今日的課題にたいして、主著のテーマのもつ現代的意義を新しく問い直されています。

その他、主要な論文集には『福音と時代精神』（一九三四年）、『万物の主』（第二版、一九五八年）、『キリスト教的使信の普遍性』（一九七八年）などがあります。これらの論文集は、神学固有の分野を越えて、文化や芸術の広範な分野にまで達することを示しています。こうした他の専門諸科学あるいは現代の精神状況と対話する神学的姿勢は、先生の師であるカール・ハイム教授の学風（現代的世界観――アインシュタインの相対性原理にまでいたる――と組織神学との対話）につながるものとみることもできます。

いまでは〈学際的研究〉という言葉は珍しくなくなりましたが、中でも、ケーベルレ先生は、深層心理学や精神療法が教会の奉仕活動にたいしてもつ重要性に早くから注目され、〈医師と牧会者〉との共同研究にも積極的に加わり、『癒しと助け――自然科学と医学および精神分析との出会いにおけるキリスト教的真理認識』（一九七三年。復刻版、一九八九年）は、この分野での一連の仕事を集大成した論文集です。そのほか、バッハはじめドイツ市民音楽への造詣の深いこともよく知られ、毎年、冬学期に行なわれていたクラシック・レコードによる教会音楽に関する特別講義には、老若の多くの一般市民が参加していました。『バッハ、ベートーヴェン、ブルックナー——信仰的人間の象徴』（一九三五年）は、この三大音楽家の作品を福音の光に照らして神学的意義を分析したもので、多くの版を重ねてきました。

テュービンゲンの位置するヴュルテンベルク州は、ドイツの中でも、とくに敬虔主義の伝統の強い地方として知られています。この地で長い歳月を過ごされた先生は、敬虔主義的伝統にたいする共感を深くもたれ、現代神学——とくに歴史批評的な聖書学——に対して敬虔な信徒＝教会が抱く反撥的な態度や緊張意識が必要以上に大きくならないために尽くしてこられました。この連関で『シュヴァーベンの信仰的父祖たちの遺産』（一九五九年）、『カール・ハイム』（一九七三年）をあげることができます。後者は、ハイム生誕一〇〇年を記念して、その生涯と思想とをふり返った仕事です。

両極端の立場のあいだに立って対話に開かれ、福音的自由にもとづいて〈中道〉を示す、すぐれた能力をもった先生は、一方では、戦後ドイツで始められたエヴァンゲリッシェ・アカデミーの活動にも積極的に協力してこられました。他方では、ダルムシュタットの《学術書籍協会》（Wissenschaftliche Buchgesellschaft）の創設者の一人また会長として、今日、国際的にもよく知られるようになった——私自身、すでに三〇年来、その会員として、名著の復刻・新刊を廉価で提供される恩恵に浴してきました——この書籍クラブの発展にも尽くしてこられました。先生の八〇歳記念論文集『聖書的観点からみた義認、リアリズムおよびユニヴァーサリズム』

（G・ミュラー編、一九七八年）は、先生への感謝として、この書籍協会から刊行されたものです。私も、その中に「日本社会における福音の宣教」という論文を寄せました。

本書（『信仰の豊かさを生きる』宮田訳、新教出版社、一九九四年）でも、第Ⅰ部は、まず、神を見出す求道の旅を、自然、歴史、芸術、愛、理性など、さまざまの分野に辿り（第一章）、ついに出会う聖書的証言を身近なものとするために〈象徴言語〉の学びがすすめられます（第二章）。これらは、いわば本訳書全体の〈序論〉を形づくるものと言えるでしょう。

第Ⅱ部では、キリスト教的人間像を近代的＝現代的な人間像と対比しながら、身体―心―霊という三次元的な側面から体系的に論じ、それぞれの次元での〈恵みの豊かさ〉と〈危険の多様性〉とを具体的に描いています（第三章）。これにつづいて、労働や遊び、禁欲のエートスなどを扱った章では、福音的自由に立ってこの世に生きるキリスト者の基本的なスタンスを示しています（第四、五、六章）。

第Ⅲ部では、キリスト者の生活を一日から一週、一年、さらに生涯と、いわば人生の四季に即して展望した上で（第七章）、人生の岐路における聖霊の導きについて考え（第八章）、さらに病気や死という人生の重大な危機に際して、それらの困難な問題をいかに受容し、また克服するかを論じています（第九、一〇章）。

最近、わが国でも盛んに翻訳・紹介される欧米の数多くの神学書の中で、ケーベルレ先生の著作は、ユニークな性格をもっているように思います。それは、神学論文としては、きわめて平明直截であり、かつ信徒の具体的生活の問題に即した建徳的な文章であるということです。そのことは、たんに内容が実践神学の問題を扱っているからというのみでなく、むしろ、原著者自身の信仰者としての生きた人格を反映するものです。先生みずから記された自伝的文章によれば「神学とは頭の上だけの知識として提出されてはならない。神学は、こころも一緒に話に加わるようにさせる勇気をもっていなければならない。私たちは、非宗教的になった世界に生きているにせよ、キリスト教会は、けっしてそれに屈服してはならない。むしろ、埋没されたままになっている生ける信仰的敬虔の力を、あらゆる仕方で新しく掘り起こすことに努めねばならない。それに手を貸すことを私は自分の課題と考えている」とあります。

むろん、信仰がたんに個人的内面にのみ閉じこもることは誤りです。しかし、社会を革新していく道は、長期にわたる日常的な自己革新に担われなければ不可能である、ということも確実です。現代のように時代の向かう方向がはっきりせず、社会全体に閉塞感が充ちているような状況の中では、とくに信仰の原点を見失わないことが大切でしょう。希望を失わず市民としての政治的責任をもち続ける持続的なエネルギーも、忍耐強く主体的信仰を問い続ける日常生活からこそ汲まれるべきものでしょう。

（「訳者あとがき」）

〔追記〕

テュービンゲン大学では、私は、専攻を異にするにもかかわらず、福音主義神学部で正式に学ぶという〈初体験〉をしました。半世紀以上を経た現在、ふり返ってみれば、政治学という狭い専門分野にとらわれないで、ドイツの文化、歴史、思想に広く触れるようにつとめたことは、自分の思想史研究にとっては〈正解〉だったと感じています。それまで、トレルチの代表的な著作や教会闘争の資料などを通して、近代ドイツのルター主義について日本で抱いてきた既成のイメージを修正されたように感じています。

ケーベルレ先生の他にも、たとえば教会論を講じていたヘルマン・ディーム教授は、ヴュルテンベルクの告白教会を支えた一人であり、お宅に招かれて、教会闘争の生々しい体験を伺うこともできました。神学部長のローゼンクランツ教授（宣教学）から受けた最初の授業は、幕末の浦上における「キリシタン復活」の話だったことも衝撃的でした。教授の管轄する山上の宣教研究所には、出入りする学生も少ないところから、静かに閲読できる付属図書室をよく訪ねたものです。教会闘争や日本研究に関する多くの文献を、ほとんど独占的に利用できたからです。

とくに新約聖書学のケーゼマン教授の名前もあげておかなければならないでしょう。教授の講義におけるローマ書講解、とくにローマ書一三章の影響史に関する論文は、私にとって決定的とも言える学問的刺激をあたえるものでした。それは、〈国家と宗教〉という私の年来の課題にたいして重要な手がかりとなる分析の視座を示してくれたのです。

しかし、受講していた中で、私が演習に参加したのは神学部ではケーベルレ先生の組織神学の授業だけでした。おそらくテュービンゲンのシュティフト教会における先生の説教に感銘をあたえられていたからでしょう。礼拝後、教会の扉の前でお会いすると、いつも先生が優しい笑顔で挨拶してくださったこと、また冬の教会音楽の公開講義のあと、使用したレコードについて質問すると、「あなたもこのバッハの曲が気に入ったのですね」と嬉しそうに答えてくださったことなど、その情景がまざまざと甦ってきます。先生を通して、生きたルター主義的信仰の敬虔性と行動について改めて目を開かれたのでした。それは、後にディートリヒ・ボンヘッファーの神学と行動を理解する上でも不可欠なものとなりました。

ケーベルレ演習で私にあたえられた「報告《レフェラート》」の課題は、「日本の無教会主義」についてということでした。当時、代表的な雑誌『福音主義神学』に載ったエーミール・ブルンナーの論文によって、このテーマは、ドイツ語圏の教会人の間で関心がもたれているようでした。急遽、妻から主要な『内村鑑三著作集』を航空便で送ってもらい、内村の〈無教会〉理解や無教会グループの神学思想（エクレシア観、聖書思想、教会との対話など）について報告しました。この論文は私の独文の小著『日本プロテスタンティズムの政治的課題』（一九六四年）に収録されています。

実は、私のテュービンゲン滞在二年目に、妻の渡独を周辺の親しい知人たちから強く要請され、今日流に言えばクラウドファンディングまがいの計画まで企てられたのです。私自身、そんな〈派手な〉動きには躊躇《ためら》いを覚えました。しかし、当時は外貨割り当ての為替管理が厳しく、事前に日本銀行の特別許可が必要でした。板挟みの中で困り切り、ケーベルレ先生にお話ししたところ、ご好意による「保証書」を手渡されたのです。

「私〔＝ケーベルレ教授〕は、宮田光雄教授が、西ドイツの当地で十分な生活費〔毎月、一〇〇〇マルク〕を用いうること、それは、彼の妻が〔今後〕一一か月のあいだ何らの危惧なしにドイツで滞在することを可能にするものであることを保証します。万一必要が生じた際には、私がそのため保証しましょう」と。この書面には、先生の署名とともに公証人の印鑑と署名が付けられていました。

むろん、先生から実際に生活費を補塡していただくようなことは、私の念頭には全くありませんでした。それにしても、あのルター主義者である先生には、おそらく生涯でたった一度、異国の〈隣人〉を助けるために〈悪しき《シュレヒテス》〔＝疚しい〕良心《ゲヴィッセン》〉をもたれることになったかもしれません！　渡独してきた妻とともに先生宅へ御挨拶に伺ったとき、先生御夫妻は、私たちを暖かくお迎えくださり、お二人で頷かれながら「生き生きした信仰がある方は、若々しいですね！」と話し合っておられたのです。身に余る言葉を耳にして恐縮し感謝した忘れがたい思い出です。

考えてみれば、日本からの留学生は、ドイツでは、しばしば実際の年齢より若く見られやすいのは事実でした。また、それゆえに、私は、〔当時、三二歳〕ドイツの若い学生たちの間に仲間の一人として比較的気安く入っていくことができたのでした。

私がとくに親しくなったケーベルレ・ゼミの学生の一人は、敬虔主義的な家庭の出身者で、先生の令名ゆえにジーゲンという北ドイツの町から、わざわざ南西ドイツのテュービンゲンまで勉学に来ていたのでした。郊外の彼の下宿を訪ねると、そこは、聖日午後や別の日の夜に、敬虔主義者の家庭集会が開かれることのある農家の一室でした。この農家の主人が聖書集会のリーダーだったのですが、その家庭の居間に置かれた書架には、シュラッターの『新約聖書註解全集』がずらりと並んでいることにも驚きました。その後、私もこの集会に参加するようになり、そこで皆が『ローズンゲン』を日常的に用いている伝統にも出会いました。それは、現在まで、私にとっても毎日の生活に不可欠のものとなっています。それだけではなく、思想史的分析の上でも、『ローズンゲン』の存在は、バルトやボンヘッファーの生涯を考える新しい視角をあたえられてきたのです。

最後に、今ひとつ触れておきたいのは、ケーベルレ先生の恩師であるカール・ハイム教授が内村鑑三と無教会の運動に深い関心をもっておられたということです。ハイム教授は、つとにヴィルヘルム・グンデルトによって独訳された内村鑑三『余は如何にして基督信徒となりしか』を読まれて、とても感銘を受けられたのでした。さらにまた、当時たまたま、黒崎幸吉先生が独立伝道者となられるため、ハイム教授の下で学ばれていたのでした。当時、クリスマス・プレゼントとして先生の「回心記」をハイム教授に献呈され、それに感動された教授の手でドイツの出版社から出していただいたこともあったのです。

一九二〇年代初め、ハイム教授は、北京で開かれたキリスト者学生運動の世界大会のため講師として招かれたとき、日本にも回って来られ、内村の聖書集会にも参加して一場の「感話」を述べられたのでした（グンデルトによる「流暢、正確なる通訳」！）。内村にとっても、それは大きな驚きであり感動だったのでした。「その所説は、余のそれと一致した。七〇〇の聴衆一同が深き強き感に打たれた」、「外国大学の教授にして、わざわざ余と余の事業とを見舞ってくれた者は、ハイム氏が初めてである」と、当日の『日記』に記しています。さらに内村自身がドイツ大使館にハイム先生を訪ね、その「謙遜な」人柄に深い印象をあたえられ、また信仰理解（とくに終末観、内村のいう「再臨信仰」）についても肝胆相照らす仲になられたようです。

私が留学したときには、ハイム教授は、すでに二年前に亡くなられていました。しかし、たまたま黒崎先生のヨーロッパ再訪の旅の途中、ハイム夫人を訪ねられる機会に私もお伴することになりました。それ以後、私たち夫婦を度々お茶の時間に招待してくださり、ハイム教授から聞かされた日本旅行の思い出——たとえば瀬戸内海の旅で船上から眺めた素晴らしい景観など——が話題になりました。ハイム夫人は、亡き教授の説教集を読まれるのが楽しみで、「思いはすでに天国に馳せている」と口にされていました。

たとえば教会闘争の只中でハイム教授が一九三四年一〇月に行なった感動的な説教があります。マタイによる福音書五章一〇—一二節をテキストにして、当時のナチ宗教政策をはっきり批判した「正義の砦」と題されるものです。わずか数頁のものですが、とても貴重な時代史的記録です。これは印刷後、直ちに発禁処分の対象となったのですが、ドイツ各地で、ひそかに増刷され回覧されて注目を集めたと言われています。この説教は、ナチ時代に出版されたハイムのいずれの説教集にも入っていません。

このハイム教授の説教も黒崎先生の『回心記』も、テュービンゲンの有名な古書店ヘッケンハウアーの店頭で入手したもの。この店は、ヘルマン・ヘッセがかつて若い日に店員として勤めたことのある本屋で、入口には、それを記した記銘板もかかっています。ドイツへ旅する度に、いつも半日、ゆっくり掘り出しものを捜す楽しみな場所の一つでした。

ハイム夫人は、私たちが生前の教授にお目にかかれなかったことを、繰り返し、とても残念がっておられました。帰国挨拶のために私たちが最後にお訪ねしたとき、夫人は、一冊の本を記念として手渡してくださいました。それは、ハイム教授が愛蔵されていた内村鑑三の著書『英和独語集』（岩波書店、一九二二年刊）でした。その表紙裏には、「To Prof. Karl Keim im remembrance of his kind visit to the Bible-Class, May 21, 1922, Tokio, Japan Kanzo Uchimura, the Author」という署名が記されていました。現在は、東北大学付属図書館の〈宮田文庫〉に収められ、貴重本として別置されています。

〔付記〕

先ほど言及した私の無教会論を収録した独文小著には、黒崎先生の『回心記』の一節も引いてあります。この小著が出版されたとき、先生にも寄贈したところ大変お喜びになり、『永遠の生命』誌上に紹介してくださいました。「極めて内容は豊富で、その独文は極めて明晰であり、初めから終わりまで息をもつかず読むことができた」と。

この親切なご紹介を通して、さまざまの方々から問い合わせや注文を受けることが出来ました。その中に新約聖書本文学者の蛭沼寿雄先生のお名前を見出して驚かされました。蛭沼先生は、私の妻が大学時代に言語学を教えていただいた恩師ですが、それは、私たち二人にとって忘れ難い交わりにあずかる機会になったのです。

ドイツから来日される神学者の中には、数少ないドイツ語による無教会論として利用される方もあるようです。たとえばＮＴＤ新約聖書註解の総編集者として著名なゲールハルト・フリードリヒ教授も、そのお一人です。教授が拙宅を訪ねてこられたとき記念に小著を差しあげましたが、帰国後の訪日報告講演の際に、とても役立った、と知らされました。

3 〈新ハイデルベルク学派〉——ハインツ・E・テート先生

テート先生は、一九一八年五月にドイツの北フリースラントの牧師館に生まれ、一九九一年五月にイルゼ夫人の実家のあるハノーファーで亡くなられた。

先生は、当時、「戦争の中で戦争のために生まれた」と呼ばれる世代の一人だった。ヴァイマル時代の政治的・イデオロギー的な対立は、少年だった彼にたいしても、すでに信仰と世界観、宗教と政治との関わりについて大きな問いを投げかけていた。一九三五年には、将来の神学研究への志を固めていた。第二次大戦に従軍、ソ連での五年間の虜囚体験の後、ようやく三二歳になって神学を学び始めることができた。バーゼルでカール・バルトに出会い、大きな影響を受けた。

バルト自身、この弟子にたいする高い評価と期待とを抱いていたことが、親友のエルンスト・ヴォルフに宛てた手紙から読み取れる。しかし、バルトの批判的な弟子であり続けるため、テート先生は、あえてハイデルベルクに移りギュンター・ボルンカムの下で学位論文『共観福音書伝承における人の子』(一九五九年)をまとめた。これは、新約学者エルンスト・ケーゼマンからも高い評価をあたえられた論文である。にもかかわらず、テート先生自身は、新約釈義の世界から、ふたたび元来の関心だった組織神学に帰っていった。歴史的・批評的研究の成果をキリスト教の現代的な解釈のために役立てようと望んでいた。この課題のためには、ブルトマン的な実存論的解釈学の枠組よりも、社会諸科学の成果に汲みつつ、現代の社会構造に開かれた対話と対決することが必要だったからである。

こうして一九六一年には福音主義学術共同研究所(FEST)に入り、一九六三年から一九八三年までハイデルベルク大学の組織神学(社会倫理)講座を担当した。先生の〈責任倫理〉の構想には、人権、デモクラシー、南北関係、環境問題、さらに国際法やエキュメニズムなどの諸問題が入ってきた。そこには、現代の危機に直面して人類の未来にたいする責任意識が鮮明である。

人間性について問うとは、じっさい、人間のあらゆる行動、希望や苦悩、認識や迷妄、成功や挫折の中で、つねに一貫して働いているところのもの――それと同時につねに危険にもさらされているところのもの――を探求することにほかならない。キリスト教的理解に従えば、人間性は、その究極の支えを次の点にもっている。すなわち、人間性は、人間にたいする神の呼びかけから成立するということである。この〔神の〕呼びかけは、人間仲間と自然との交わりの中で、充実した生活をもちうるための大きな励ましである。現代において、かくも脅かされ不安にさらされている人間にとって、〔この〕確固たる根拠に支えられた希望にまさって切実に必要とされているものはないのである。

これは、「岩波書店創立七〇周年記念国際フォーラム」と銘打たれた論文集（『現代文明の危機と人間性の復権』一九八四年）に寄稿したテート先生の論文「現代世界の危機における人間性のための闘い――神学的考察」からの引用である。ちなみに、この論文集には現代ドイツを代表する思想家として哲学者ユルゲン・ハーバーマスが寄稿し、それに並ぶ代表的な神学者としての発言であった。この論文については、岩波書店編集部から私に問い合わせがあり、紹介者である私が、結局、翻訳までさせられることになったものである。

この間に、他大学や領邦教会監督への招聘話にも、いっさい応じないで、ひたすら情熱的な教師また助言者として献身した。テート先生がバルトについて抱かれた、「彼は自分の学生たちの先生だった」、という印象と評価とは、そのままテート先生自身に妥当するものであろう。テート先生は、最終講義を二度行なっている。

一度目のものは、一九八三年の夏学期に行なわれた「自伝的見地からみた神学史五〇年」と題する講義で、このあと退官された。二度目の最終講義は、先生の高弟として組織神学講座の後継者となったヴォルフガング・フーバー――その後、ベルリン＝ブランデンブルク州教会監督、ドイツ福音主義教会常議員会議長となり、〈フーバー時代〉と評される活躍をした――がサバティカルの休暇をとっていた一九八九年から九〇年にかけて冬学期に担当された〈代理〉講義に当たる。「教会闘争、ユダヤ人迫害および抵抗運動――神学史的・現代史的考察」と題され、前後四〇回にわたるものである。

テート先生は、亡くなる一〇年ほど前から〈教会闘争と抵抗運動〉をテーマとする研究プロジェクトを立ち上げ、若手研究者たちに、それぞれモノグラフィを書くように指導してきた。この二度目の最終講義には、これらの神学史＝現代史研究の諸成果がテート先生自身の手によって十分に活用されており、いわば集大成された〈教会的現代史〉と言ってよいであろう。

その講義原稿を元に、先生の二人の弟子が講義の際のスタイルを保ちながら、先生自身の加えた欄外注釈もとり入れて編集したものが、本書『ヒトラー政権の共犯者、犠牲者、抵抗者』（宮田・佐藤・山崎共訳、創文社、二〇〇四年）である。じっさい、教室でアドリブで語られた現代史の諸事件にたいする個人的な体験にもとづく感想やコメントなども散見され、大著ながら、まことに親しみ易く、一般読者にも十分理解できる内容である。

これまで、ナチ滅亡後、すでに三世代におよぶ研究者たちの手でドイツ現代史研究が蓄積されてきた。こうした研究史の動向にたいして、本書では、まず、二つの明白な危険——すなわち、一方にある、すべてをとりつくろってみせる〈弁証論的企て〉と、他方にある、すべてを暗く描いてみせる〈暴露的ジャーナリズム〉——にたいする警告から始まる。それらの代わりに、このナチ時代という激動の中で多くの思想家や教会リーダーが示したアンビヴァレントな行動態度を解明するため、彼らの「内面史」を探るという手法をとる。

たとえば、当時のドイツで指導的な哲学者であり、プロテスタント神学にも大きな影響を及ぼしたハイデガーが、一九三三年にフライブルク大学総長として、あのように熱狂的に新しいナチ政権を支持した事実は、どのような動機にもとづくものだったのか。あるいは、著名なキルケゴール研究者だった神学者エマヌエル・ヒルシュが〈ドイツ的キリスト者〉の運動のイデオローグになりえたのは何故か……。

本書において、著者は、最近の教会闘争史研究について——東独の教会史家（クルト・マイアー）やミュンヒェン学派（とくにその代表者フリードリヒ・W・グラーフ）、その他、〈史資料〉にもとづく新しい世代の教会史研究者（たとえばテュービンゲンのクラウス・ショルダー）などに——認められる動向が、〈ルター主義的中道派〉を再評価しようとする余り、本来の告白教会の闘いを正当にとらえ損なっていることを遺憾としている。逆に、〈バルメン－ダーレム路線〉に立ち続けた少数派の信仰告白の闘いに高い評価を惜しまない。

ナチ時代の教会の〈内面史〉は、むろん、誤算と罪責とに満ちたものだった。それは、今日的な価値基準からではなく、当時の教会がもっていた知識と規範とに照らしても、十分に妥当する判断である。それは、今からみれば、まことに悔いにみちた、拭い去ることができない伝統の一部にほかない、と断じられている。しかし、こうしたいわばネガティヴな見方だけにとどまらない。抵抗運動に加わった人びとが処刑される直前に記した最後の文章の数々を、著者は哀惜をこめて引いている。それらは、彼らを支えていた真の原動力が深い超越的体験に根ざしていたことをまざまざと教えてくれる。そこには、圧倒的な世俗化の中で宗教的な関わりを失ったかにみえる現代社会においても、なお確実に信仰的伝統の秘義が生き続けていることを示すものであろう。著者自身をも動かしている深い敬虔の思いに、こころ打たれざるをえない。

この講義の末尾を、著者は、次の言葉で結んでいる。


まだ全く若かったとき、権力を掌握したナチズムの問題と〈第三帝国〉の犯罪的戦争とに巻き込まれた私にとって、三つの課題が残されている。すなわち、第一に、本当に何が起こったのか、しかも、われわれと共に、また、われわれの内で何が起こったのかを、自分をも他人をも正当化しないで認識しようと試みること。第二に、罪の赦しから生き、それによって新しい自由を獲得する希望。最後に、何らなすことなく悪に身を委かせたのではなく、むしろ、闘いつつ苦しみつつ、しばしば、命を賭して抵抗し、その中でキリスト教信仰を実証した、もう一つのドイツも存在したということを証言することである。

本書は、精密な資料の読解に裏付けられた、この中正な解釈によって、今後、ドイツ教会闘争史研究のスタンダード・ブックとしての地位を確立したと言っても過言ではない。同時代史への責任を覚える私たちにたいするテート先生の「遺言」（C・グレンメルス）と評価されるのも決して誤りではないであろう。

（「訳者あとがき」二〇〇四年六月）

〔追記〕

テート先生は、私より一〇歳年長であり、現代キリスト教社会倫理やドイツ教会闘争研究の上であたえられた大きな刺激からすれば、私にとって「先生」と言わなければならない存在です。しかし、そのおおらかで開かれた暖かい人柄からは、親しい〈先達〉として「テートさん」と呼びかけたくなる思いを禁じえない印象をもっています。

私のテート先生との最初の出会いは、一九七六年に福音主義学術共同研究所の客として招かれ、ハイデルベルクを訪ねた折のことでした。数日間の滞在中、ほとんど連日のように先生とお宅やレストランで社会倫理の方法論から政治や平和の問題まで話し合う機会をあたえられました。その暖かい人柄と広く深い学識、とくに日本にたいする関心の高さには感銘を受けました。城山の中腹にあるお宅のヴェランダから、ハイデルベルクの街の灯をはるかに望みつつ親しく語りあった夕の情景は、いまもなお鮮明です。

テート先生の社会倫理的・政治的立場は、当時のドイツ神学者の中ではユニークな位置を占めていました。一方には、二〇世紀当初からの〈二王国論〉にもとづいて政治を〈固有法則性〉においてとらえる〈新ルター主義〉的立場の議論があり、他方には、かつてのバルト神学にもとづく〈キリストの王権〉論のさまざまのヴァリエーションを示す改革派的立場からの議論が対立してきました。テート先生は、こうした狭間の中で〈信仰告白的決断〉と社会科学的判断との相即を追求しようとする中間的な視点に立っていました。

私自身は、バルトやボンヘッファーの神学から強い刺激を受け、彼らの近くに立って社会科学的認識の可能性を開こうとするエルンスト・ヴォルフ先生の社会倫理に関心を寄せてきました（小著『政治と宗教倫理』岩波書店、一九七五年、参照）。ただヴォルフ先生の場合には、その該博な教会法的学識に表わされているように、その社会科学的関心は法律学の分野に止まるという狭さがありました。その点においてテート先生の場合、いっそう広く社会学から政治学の分野にまで及んでいるように見受けられました。

ハイデルベルクで初めてお会いしたとき、先生は——ヴォルフのもとで学んだ弟子であるにもかかわらず——ヴォルフ先生の社会科学に対する取り組みが不十分であることを指摘され、わが意をえたような思いになりました。実は、お目に掛かる直前に、あらかじめ上掲の小著を届けておいたのですが、先生は、小著に引用されている欧文の文献について「多数の資料に目を通している」と評価してくださったのです。「いや、それほどでも」と申し上げると「相対的（verhältnismäßig）には」と付言され、いささか自負の念をもっていた私は、内心で大いに赤面したことも記憶しています。

一九八三年には、私は、ふたたびハイデルベルクに一週間ばかり滞在して、上述した先生の〔二度目の〕最終講義を聴講し、また演習にも参加しました。講義はウェーバーやトレルチがかつて講義したことのある記念講堂で行なわれ、過去一世紀にわたる〈神学的同時代史論〉ともいうべき興味深いものでした。演習はボンヘッファーを中心にしてドイツ抵抗運動をめぐる問題を扱ったものでした。この滞在中は、とくにボンヘッファーの『倫理』遺稿の〈暗号化〉された文章（たとえば天皇制批判）や『獄中書簡集』の重要な概念（たとえば「啓示実証主義」など）について示唆に富む解釈を聞くことができたのも幸いでした。

翌一九八四年秋には、日本ボンヘッファー研究会などの肝いりでテート先生夫妻が来日し、仙台にも足を運ばれたのです。来日にあたって、ちょうど、ドイツで出版したばかりの小著『成人性と連帯性——現代日本社会におけるキリスト教的責任』（ギュータースロー出版社）にアンダーラインを引きながら教授が精読して準備している、とハイデルベルクの同僚であるH・W・ゲンジッヒェン教授（宣教学会会長）から知らされ感激しました。テート教授とつねに行を共にされたイルゼ夫人は、実質的な秘書役に徹して先生の研究にとってなくてならない存在であることを印象づけられました。しかし、夫人自身、哲学の学位をもち、のちに『ボンヘッファー全集』のすぐれた編集・注釈にたいする貢献のゆえに、バーゼル大学から神学の名誉学位をあたえられたこともある、すぐれた研究者です。

来仙された折には、東北大学でも「平和と人権」と題して特別講義をしていただき通訳しました。さらに私の主宰する一麦学寮にも足を運び、学生たちとの質疑応答の会でも丁寧に応答して一同を喜ばせてくださいました。寮の「ゲストブック」には、その人柄がよくあらわれた思いが記されています。「他者の存在は人間にとって最大の宝です。神の霊が他者にたいする目を開き給うときには。このことが、くり返し起こることを、私は望みかつ願っています。ハインツ・エドゥアルト・テート。一九八四年宗教改革記念日」と。イルゼ夫人の署名。「〈ストゥデンテンハイム〉という標識が目につくや否や、私は、ここにはボンヘッファーの精神が生きているのだということを感じとりました」。この木版の標識は、その後、新しく金属版に取り替える必要が出てきたときに、フィンケンヴァルデのボンヘッファーに倣って「ブルーダーハウス」と改名されたのでした。

仙台で話し合った時にウェーバーとトレルチが話題に上ったこともあり、翌年、ハイデルベルク大学創立六〇〇年を記念する論文集が出されたとき、テート教授から、早速、その抜刷が航空便で送り届けられてきました。一読して大いに興味を覚え、一九八六年度の大学院演習のテキストに用いることにしました。その折の学びをも踏まえて全面的に新しい訳稿をつくり、出来上がったのが『ハイデルベルクにおけるウェーバーとトレルチ』（宮田・石原共訳、創文社、一九八八年）です。この間、しばしば訳者からの疑問に対して教授から詳細な説明の手紙をいただき、ドイツの大学教授のもつ該博な蘊蓄の程に舌をまいたことでした。この訳書は、テート教授の古稀記念としてハイデルベルク大学にも献呈できたのは幸いです。

テート先生の生き方と業績とをふり返ると、もっとも深く印象づけられる事実があります。それは、とくに晩年には、特別の関心と愛情とを告白教会やドイツ教会闘争の遺産、なかんずくディートリヒ・ボンヘッファーの神学に向けられたこと。新編『ボンヘッファー全集』の総括責任者となり、当初からボンヘッファーの遺稿『倫理』の新編集をご自分の義務と考えておられたということです。そのためイルゼ夫人の協力も得て心血を注ぎ、その死の床において最終的な校正を終えることができた、と伺っています。生前における教授の最後の仕事が自分自身の『キリスト教倫理学』の完成ではなかったというのは、その人柄を示すものとして暗示的です。〈新ハイデルベルク学派〉（？）――教授自身は、〈学派〉が生まれることには反対だったようですが――と見なしうるほど多くの社会倫理学者を育てられ、彼らの手からは次々に大作の学位論文・教授資格論文が生まれました。にもかかわらず、生前に公刊された教授自身の単行本は、かならずしも多くはありません。

以下には、大著のみを紹介しましょう。

Perspektiven theologischer Ethik, 1988.

没後に弟子たちや夫人の手によってまとめられたもの。

Theologische Perspektiven nach Dietrich Bonhoeffer, 1993.

Komplizen, Opfer, und Gegner des Hitlerregimes, 1997.（上掲書）

Wagnis und Fügung. Anfänge einer theologischen Biographie. Kindheit in der Republik, Jugend im Dritten Reich. Fünf Jahre an den Fronten des Zweiten Weltkriegs. Fünf Jahre Gefangenschaft in sowjetrussischen Lagern. Mit der Trauerpredigt von W. Huber, 2012.

Theologie lernen und lehren mit Karl Barth. Briefe, Berichte, Vorlesungen, 2012.

その他、日本語の訳書としては、ヴォルフガング・フーバーとの共著『人権の思想』（河島幸夫訳、新教出版社）、『ハイデルベルクにおけるウェーバーとトレルチ』（上掲）、論文集『平和の神学』（日本ボンヘッファー研究会編訳、新教出版社）、『キリスト教倫理』（河島幸夫訳、ヨルダン社）、その他、論文として「運命と罪責」（小林望訳、柳父・宮田編『ナチ・ドイツの政治思想』創文社、所収）。「現代文明の危機と人間性の復権」（上掲論文）。

テート先生は、イルゼ夫人の父アルフレート・ローゲス教授を記念する基金の創設にも尽力されましたが、『ボンヘッファー全集』（全一六巻）の刊行は、この基金によって可能になったのだと仄聞しています。こうした事実を思い合わせると、全集版『倫理』の完成は、テート先生夫妻にとって、いわば共同の〈ライフワーク〉に他ならなかったのではないか、とさえ感じられます。その日本語版の新訳のために、たえずEメールで質疑応答してくださったテート夫人の熱意、また教授の没後、全集刊行の総活責任を引き受けてこられたフーバー教授の誠意に応えて、目下、共訳者たちと共に努力中。

〔付記〕
ボンヘッファー『倫理』（全集版）新訳は、四年越しで二〇二五年一月に刊行されました。

4 〈社会民主党員の神学者〉
――G・ミュラー氏と〈兄弟ヨハネス〉ラウ大統領

本書（『現代人にとってキリスト教信仰とは何か』（宮田訳、新地書房））に収めた諸論文は、もともとゴットホルト・ミュラー教授の三つの著作、『福音と状況』（一九七〇年。第四版、一九七二年）、『根源と出発』（一九七一年）、『信仰と学問』（一九七三年）の中から、日本の読者に興味深く思われるものを、原著者の了解をえて訳者が選択・訳出したものである。いずれも現代世界に生きるキリスト者＝信徒との対話をめざした講演ないし論文から成っている。

この半世紀来、批判的な聖書解釈が伝来的な信仰理解を危うくするものではないかという危惧がいだかれてきた。本書で試みられているのは、決して在りきたりの解答や手軽な処方箋ではない。むしろ、基本的な問題がどこに横たわっているかを示し、解決のために積極的な対話に開かれた姿勢をとることを促しているのである。

まず第Ⅰ部では、今日、キリスト教信仰が立たされている基本的状況（「激変する世界」）の確認から始まり、さらに「聖書解釈をめぐる論争」に如何に立ち向かうべきかを明らかにする。

第Ⅱ部では、使徒信条の重要な項目に即して、〈創造者なる神〉、イエスの人格の秘義、〈処女降誕〉から〈十字架〉や〈復活〉、さらに〈聖霊〉や〈陰府くだり〉まで、一般には親しみにくい信仰箇条のもつ本来の意味を説得的に示している。

第Ⅲ部では、こうした宣教と信仰の姿勢にもかかわらず、なお信仰生活にともないがちな「懐疑のただ中の信仰」について、その意義を説き、求道の志を新たにするように励まして、〈現代人のためのキリスト教案内〉と呼ぶにふさわしい内容である。

ここでは、一方において、現代的な〈状況〉がまさに宣教の語りかけのための解釈学的な〈場〉として取り上げられ、福音のいわば状況拘束性が打ち出されている。にもかかわらず他方では、福音主義的な神学がよるべき聖書的基盤に固く立って、〈福音〉の固有の内実を決して見失ってはいない。〈福音〉と〈状況〉との、こうした生きた結びつきの考察は、現代における信仰告白にとって、きわめて得がたいものであろう。

ドイツのすぐれた神学者エルンスト・ヴォルフ教授は、この本の底本となった『福音と状況』について次のように書評している。ナチ時代のドイツ教会闘争の中で〈成人した教会〉の端緒が開かれようとしていた。当時、信徒と神学とのあいだの生き生きとした交流と対話とがそれを可能にしていたのだが、今日では、それは、たんなる要請にとどまっているようにみえる、と。〈成人した教会〉というのは、教会員が誰一人も決して〈未成人〉の〈客体〉のように扱われないで、みんなが福音の宣教と証しに積極的に参加するような信仰共同体を意味している。ヴォルフ教授は、そうした教会形成のための神学の側からの新しい試みとして、この本に示される方向を高く評価しているのである。

そうした意味で、この本が現代世界における私たちの主体的な信仰告白と福音宣教にとって、有効な理論武装のための武器として活用されることが望まれる。同じ著者の仕事としては『現代キリスト教倫理』（宮田・河島共訳、日本ＹＭＣＡ同盟出版、第三版、一九八四年）が、すでに数年前に訳出されている。本書は、その姉妹編にあたり、現代におけるキリスト教倫理に並んで現代における信仰告白を証言するものである。両者をあわせることによって、はじめて著者の神学的立場を全面的に理解しうるであろう。

著者ミュラー教授は、一九三〇年生まれ、マインツ、テュービンゲン、シュトゥットガルト、ウィーン、ハーヴァード、コペンハーゲン各地の大学で神学、哲学、心理学、教育学、社会学、近代語など幅広く学び、マールブルク大学から神学、ウィーン大学から哲学、コペンハーゲン大学から宗教哲学の学位をえている。牧会および宗教教育に従事してのち、一九六二年からテュービンゲン大学でアードルフ・ケーベルレ教授さらに引き続きゲールハルト・エーベリング教授の下で助手をつとめた。一九六六年にバーゼル大学の神学および哲学の私講師となり、一九七〇年以来、ヴュルツブルク大学哲学部に――宗教改革いらい初めて――新設された福音主義神学講座担当の正教授である。学内における専門の研究・教育活動のほか、とくに学生たちのために聖書研究会を指導するなど、熱心な宣教的・教育的実践を続けている。日本のキリスト教にたいする関心も強く、近い機会における来日の希望をもっている。本書の出版が、それに先駆けて著者を紹介する一助となれば幸いである。

（「訳者あとがき」一九八四年春）

〔ちなみに、ミュラー教授の蔵書（一万一〇〇〇冊）は、現在、聖学院大学総合図書館に〈ミュラー文庫〉として収蔵されている。〕

〔追記〕

ミュラー氏と面識をえたのは、私が一九六〇年代初め、西ドイツに留学した当初のことでした。ラインラント－プファルツ州の出身者らしく、ユーモアを愛し、人づきのよい――ときには天衣無縫と言いたくなるような――同氏の手離しに明るい性格のゆえに、友人としての長い交わりをもちました。ドイツの神学から日本の政治まで、くり返し議論し合ったことは忘れがたい思い出です。とくにテュービンゲンでは、互いに住所が近かったこともあり、私の妻の渡独後も家族的な交際関係の中で助けられました。（実は、「ケーベルト先生」の項で記したクラウドファンディングのために各地の教会団体に手紙を書き始めた超本人は、このミュラー氏でした。）後年、彼がヴュルツブルク大学教授になっていたときには、私のヨーロッパ研修の旅の途次、彼の大学でも「日本社会における福音宣教」というテーマで特別講義と演習を行ない、旧交を温めることができました。

その数年後、三度目のヨーロッパ研修旅行中には、ミュラー氏から彼のクレタ島にある別荘に招待され、一週間ばかり滞在して、彼の車でクノッソス宮殿の遺跡など島内をくまなく回り、ギリシア正教の修道院礼拝にも参加しました。忘れがたいのは、ローマに護送される囚人パウロの船が嵐を避けて立ち寄ったという「良い港」（使徒言行録二七・八）まで訪ねたことです。でこぼこの山路を走破して、ようやく夕方に辿りついたのは、人影すら見あたらない寂しい砂浜でした。汗まみれになった私たちは、急いで服を脱ぎ、残照の映える穏やかな海に背を浮かべながら、肌身にパウロの昔をしみじみと味わったのです。

彼はその学位論文でシュヴァーベン敬虔主義の研究『クリスティアン・ゴットロープ・プレギツァー――生涯と遺稿』（一九六一年）から始めているように、よい意味で聖書的な信仰を、終始、保持してきました。同時にまた、当時、ドイツ社会民主党に入党している数少ない神学者の一人として（たとえば他にはボーフム大学のブラーケルマン教授など）高い政治的関心の持ち主でした。私のバルト先生のお宅への訪問にも同行し、当時の西ドイツにおけるアデナウアー政権の外交政策を批判する新情報を提供して、バルト先生を喜ばせたことなども記憶に残っています。

バーゼル大学神学部の講師時代にはバルト先生の同僚だったわけで、彼の人柄が先生の「気に入り」、ミュラー氏の新著（『同一性と内在性――D・F・シュトラウスの神学形成』一九六八年）を「楽しく読む」姿なども、当時、その助手を務めていたエーバーハルト・ブッシュ教授の『日録』（『カール・バルトと共なる日々――一九六五―一九六八年』）にも記されています。このミュラー氏の本には、シュヴァーベン敬虔主義の古い先駆者によるバルト好みのキリスト論や「万物再帰論の文献目録」という付録まで付いていたのですから。こうした親しい関係によるのでしょう。彼からバルト先生最晩年の面白いユーモア話を伝える手紙をもらったこともあります。一九六八年暮に――バルト先生が亡くなる二、三週間前――バルト邸を最後に訪問した時のこと、先生から聞かされたという話。

私は、もうまもなくこの世を去ることになるだろうと思う。私は、いまから、こんな場面を想像できるのです。私が干し草を運搬する荷車を引いて天国の門に到着すると、例のペトロが笑いながらこう問いかけてくる。「カールさん、あなたのその荷車の上に何を載せているのかね」。私が自分の書いた『教会教義学』ですと答えると、ペトロは腹をかかえて大笑いする。そのときの様子が今からわかるのですよ。

これは、むろん、バルト特有の自己アイロニーです。十数巻に及ぶ神学的大著の中で、バルトが心を砕いてきたのは、いっさいの人間の側からの自己主張的な言説を――むろん、バルト先生自身のものもふくめて――断固として退け、ただ神の恵みと栄光をのみ賛美するということでした。先生は、未完に終わったご自身の〈ライフワーク〉に打ち込んできた生涯の歩み全体を笑いとばしているのです。

ミュラー氏は、亡くなる一年前（二〇〇三年）、次のような手紙のコピーを寄せてきて私を驚かせました。ドイツ社会民主党員として、彼が日頃から親しかったヨハネス・ラウ大統領に宛てて、私の七五歳の誕生日が近いことを知らせ、独日交流の貢献にたいして叙勲すべきだと伝えたところ、大統領からは、「喜んで祝意を示したいので、目下、適切な形について調査中」という返信が送られてきた、と伝えてきたのです。

実は、それまでも私自身、ラウ大統領からは、折りに触れて、私のドイツ教会闘争研究にたいして熱い関心をもってこられたことが伝えられていたのです。私の推測では、そうした情報を大統領に最初に伝えたのは、季刊誌『エキュメニッシェ評論《ルントシャウ》』の編集者ハンス・フォルスター博士を通してだったのではないかと考えています。この雑誌に私のボンヘッファー論を以前に寄稿したことがあったからです。

私は一九八三年夏、ナチ時代の〈殉教者〉として著名なパウル・シュナイダーが牧会していたフランクフルト近郊の小さな村ディッケンシートの教会を訪ねたことがあり、それが機縁となってフォルスター博士と知り合ったのです。一九九二年夏には、日本の若い仲間を連れて、再度、この村のシュナイダー殉教記念集会にも参加しました。〈前座《フォアレーデ》〉の発言をするよう依頼され、〈日本からの挨拶〉だと軽く考えていたのが大間違いで、即席に小一時間ほどの講演をさせられて大汗をかきました。この会合に臨席しておられたフォルスター夫人は、実はシュナイダー牧師の長女にあたる方で、これまで長いあいだ御夫妻が協力して、亡父の信仰の闘いを広く戦後ドイツ社会に伝えるために尽力されてこられたのです。その長年にわたる社会的貢献にたいして、ラウ大統領から〈ドイツ連邦共和国功労勲章大功労十字章〉を授与されておられたのです。

大統領への情報提供者としては、いま一人ヴォルフガング・フーバー教授の存在もあったのは確実です。彼は、私にとって一九八三年のハイデルベルク訪問以来の知人で、その当時は、まだ若い私講師でした。テート先生の後継者として教授になったばかりの頃、ヒロシマでの平和会議に招かれて初来日したとき仙台まで足を伸ばし、一麦学寮も訪ねてくれました。寮生たちが讃美歌第二編（一四二番）の「わかきわれらは　みくにのしもべ」を一斉に合唱して迎え、彼を驚かせました。この賛美歌のメロディーは、有名なドイツ学生歌からとられたものだったからです。彼は、すぐさまラテン語の歌詞 Gaudemus igitur を口ずさみ、親しく寮生たちと語りあったのです。「ここに入寮できるためには歌が上手なことが条件ですか」と。

　その後もしばしば新著を寄贈してくれ、私の政治思想史研究にとって重要な存在となってくれた友人です。私の古稀記念論文集『ナチ・ドイツの政治思想』（柳父・宮田共編、創文社、二〇〇八年）にも「順応と抵抗の間にある神学」（大島力訳）を寄稿してくれました。このときの「執筆者紹介」では彼の肩書きは、すでに「現在、ベルリン‐ブランデンブルク福音主義教会監督《ビショッフ》」と変わっていました。彼の『正義と法――キリスト教法倫理の基本線』（新教出版社、二〇一〇年）は、〈ライフワーク〉とも言うべき彼の畢生の仕事で、私も監修者として加わり、長年の彼の好意にようやく応えることができました。

これより前、二〇〇二年夏に、私は、ドイツの知友に生涯の最後の別れを告げるため聖書集会の若いメンバーを連れて一緒にドイツの旅に出かけました。旅の冒頭のベルリンでは、かねて必ず事前に連絡してくるように約束させられていたフーバー監督を表敬訪問のつもりで訪ねたのです。驚いたのは、監督を補佐していたベルリン＝ブランデンブルク州教会総会議長アンネリーゼ・カミンスキー女史など旧知の方々の御世話で、私のこれまでの独日交流の仕事を表彰する小さなセレモニーまがいの会合が用意されていたことです。いっそう驚いたのは、その席上で、公務のため欠席せざるをえなかったラウ大統領に代わって、フーバー監督から、大統領の署名入りの著書『人物評伝による歴史』（二〇〇一年）をプレゼントされたことです。その扉には、「宮田光雄教授へ。キリスト教信仰とアジア的思考、ドイツ的伝統と日本の現実とを架橋してくれた使者にたいする心からの感謝をもって　ヨハネス・ラウ」と記されていました。

この別れの旅の途次にミュラー氏を訪ね、この署名本を見せると、彼は「〈兄弟ヨハネス〉のプレゼントは最高《プリーマ》！」と喜んでくれ、その後日に、上述したような大統領との手紙のやりとりがあった模様です。

私は日本に帰ってから、大統領にお礼の手紙とともに私のドイツ語の著書『成人性と連帯性』（ギュータースロー出版社、一九八四年）と『十字架とハーケンクロイツ』（新教出版社、二〇〇〇年）とを送ったところ、まもなく礼状が届きました。その最後に、大統領は、こう記していました。「告白教会の神学を極東にまで伝えてくださる学者が存在することは、私の喜びとするところです」と。ヴッパータールに生まれ、少年時代にバルメン宣言の闘いを体験した大統領は、遙かな極東の地におけるドイツ教会闘争史研究を大いに歓迎してくれていたのです。

大統領は、二〇〇四年五月に、私にたいする最後のプレゼントでもあるかのように、〈ドイツ連邦共和国功労勲章大功労十字章〉を贈ってくれました。すっかり驚かされ恐縮しましたが、その特別の御好意に謝意を書き添えて、ようやく翌年には独文の小著『自由は土佐の山間より――日本とドイツにおけるナショナリズム克服のために』（レンベック出版社、二〇〇五年）を献呈することができました。

以下に、ラウ大統領御自身の著書にたいする私の「書評」を付記しておきましょう。

〔書評〕ヨハネス・ラウ『大統領が語るキリスト者人間像』（加藤常昭訳、教文館、二〇〇四年）

ドイツ連邦共和国のヨハネス・ラウ前大統領が歴史的記念行事などに際して語った大小の講

演二二篇。ルター以後のドイツの代表的なキリスト者の人物像を通して「物語られた歴史」の論集である。原著の表題は『ポートレートで綴る歴史』と訳すこともできる。

著者は、長年にわたりドイツ社会民主党の要職をつとめ、最後に大統領（一九九九年五月―二〇〇四年六月）に選ばれた政治家であるが、「ラインラントのカルヴァン主義者」を自負する熱心な改革派信徒でもある。

ドイツの大統領は、直接に執行権の責任を担うことはない代わりに、折にふれて公表する演説を通して、ドイツの国民を教導するとともに、世界に向かってドイツの基本姿勢を発信しうる立場にある。リヒャルト・フォン・ヴァイツゼッカーの名前は、あまりにも有名である。しかし、評者のみるところ、著者もまた、ヴァイツゼッカーに優るとも劣らない、哲学的な思想内容を平易に語るすべを心得た語り部といってよい。

本書は、改革派として馴染みの薄かった著者がルターをしだいに発見するにいたった歩みを語る冒頭の章に始まり、バルトやボンヘッファーへの深い傾倒など、共感を覚える文章が少なくない。つねに時流に抗して挑発的に行動してきたバルトを断固として支持する発言、同じくボンヘッファーについても政治的人間であるとともに信仰深い人として「多様に語りうる」といった指摘など、評者としても全面的に賛成である〔ちなみに、ラウ大統領はカール・バルト賞の二〇〇四年度の受賞者である〕。

しかし、著者自身の信仰的・政治的な人となりに深く関わる父エーヴァルト・ラウやバルメン・ゲマルケ教会の牧師カール・インマー、政治行動を共にしたグスターフ・ハイネマン大統領などの思い出の文章もよい。そこには、信仰的敬虔や教会闘争の遺産を継承しつつ平和主義者として生きてきた思想的背景が、よくあらわれている。

そのほか興味深いのは、明らかに教派的・政治的立場を異にするはずのメランヒトンの人文主義的政治観に対する高い評価。また「保守的な神学」に立つ、いわば政敵だったオイゲン・ゲルステンマイアーについて「いのちの中に立つ」「神のひと」だったという結論。そこには、語る人自身の寛容な人間理解と暖かい人柄が伺われて、こころ打たれる。

じっさい、著者は、「心から心へ」語りかけ、人のこころをよくとらえる大統領として多くの人に愛され、「兄弟ヨハネス」の愛称をあたえられて、各方面から惜しまれつつ任期を終えた。その時に合わせる形で、〈キリスト者政治家〉としての著者の人格と思想とを伝えてくれる本書が日本語でも出版されたことを歓迎したい。

（『キリスト新聞』二〇〇四年一一月一七日）

5 〈フランクフルト学派〉の平和研究者
――ディーター・ゼンクハース氏

本書(『諸文明の内なる衝突』星野・本田・宮田共訳、岩波書店)の原書名を直訳すれば「己が意に反する文明化」となるが、原著者ゼンクハース教授の希望をいれて、英訳の書名を邦訳のタイトルとした。原書の副題「諸文明の自己自身との葛藤」が示すように、著者は、近来、大きな論議を呼んできたハンチントンの『文明の衝突』にたいして根本的な疑義をつきつけているのである。それに対して、非ヨーロッパ文明圏を背景とする独自の文明化の理解を展開し、「文明間の対話をも新たに方向づけるため」提案している。

著者は、第一の論点として、ハンチントン流の〈文明〉の〈固定観念〉、すなわち、文化を同質的・固定的な構成物ととらえる〈文化本質主義〉を真っ向から否定する。こうした文明観からは、その内部における多元性、自己矛盾ないし潜在的な葛藤の可能性をとらえることはできないからである。第二の論点は、現代世界経済における基本的動向の分析にもとづく批判である。グローバリゼーションは世界の各地に矛盾にみちた〈近代化〉の波動を及ぼしてきた。近代化の圧力は、同時に、それと互いに異なった利害とアイデンティティをともなう諸社会の発展的分化をもたらし、互いに抗争する支配と権力とをめぐる闘争を引き起こす。すなわち、紛争ラインは文明圏相互間というよりも、むしろ圧倒的に、それぞれの社会と文化との内部に横たわっているのである。

著者によれば、紛争の初期には文化＝宗教的要因ではなく、むしろ、社会的・経済的問題が大きな比重を占めている。そうした格差や差別の解決する見込みがない状況に立ちいたって、はじめて文化＝宗教に逃げ込む道が求められるようになる。いまや配分の問題に代わって文化＝宗教的アイデンティティの問題が権力闘争の手段となり、それが熱狂的に宣伝されることによって、紛争のラディカリズムがいよいよ亢進するのである。

著者は、〈近代〉ヨーロッパにたいする伝来的社会の異なった反応の仕方を、四つの理念型にまとめている。①ヨーロッパの模倣、②土着の伝統のとらえ直し、③上述の二つの選択肢の混合形態、④真実な革新の四つである。こうした応答は知的・実践的に混ざりあっているが、当該の伝来的社会にとっては一大変革に等しいものとなった。その代弁者たちは、時代に適合した公共的秩序をめぐる〈文化的抗争〉を闘い、それによって伝来的社会の〈文化的自明性〉に疑問を投げかける役割を果たすのである。

本書の中心にある第Ⅱ部では、代表的な文明圏の内部にある近代化のための潜在的可能性が、儒教、イスラーム、仏教、ヒンドゥー教について順次、検討される。無秩序を克服し、公共的秩序を形成するために、人権や寛容という規範が制度化されなければならない。ヨーロッパ的人権思想が非ヨーロッパ社会にも受容されうる可能性を、著者は無条件に肯定する。じじつ、こうした西欧的価値は、現に非西欧的社会においても高い評価を受けている。それは西欧起源のものだからというのではなく、個人の保護や人格の不可侵性などの志向にたいする共鳴のゆえである。

その場合に重要なのは、こうした価値観がヨーロッパの歴史の中に、いわば「文化的遺伝子」のように古くから存在したかのように自明視する誤解について、著者が注意するように指摘していることである。中世末イングランドのマグナ・カルタから二〇世紀末東欧の人権運動にいたるまで、ヨーロッパ社会内部においては血なまぐさい紛争という曲がりくねった道が辿られねばならなかった。文明化されたヨーロッパとは、こうした〈文明の内なる衝突〉から生まれたものであり、しかも紛争当事者たちのいわば〈己が意に反する文明化〉の結果なのである——そこから原書のタイトルが出てくる。

しかも、この紛争過程は、著者によれば、今日においても全面的に解決したものとして完結しているのではない。じじつ、女性の同権の問題は、ヨーロッパ諸国においても、ようやく第一次大戦の時代になって取り上げられ、参政権など憲法上の地位の保証にいたっては、はるかに遅れて論議されるようになったものだ。亡命者の庇護権や難民受け入れの問題などは、今日なお焦眉の課題のままである。しかも、文明的進歩は、くり返し、バーバリズムへのゆれ戻しに脅かされ続けてきた。ファシズム＝ナチズムの経験は、それを身近に教えている。しかも、これこそ正真正銘のヨーロッパ〈原産〉のものだった。

いずれにせよ、この〈己が意に反する文明化〉という複雑な弁証法的過程は、いまや非ヨーロッパ文明圏においても、伝来的社会が流動化し始めたところでは、いたるところに生じている。もっとも、そこでは、文明圏のもつ特性の違いに応じて、文明化の過程がそれぞれ独特の色調を帯びうるのは当然だろう。著者によれば、非ヨーロッパ圏の近代化は、かつてのヨーロッパ内部のそれよりも、いっそう困難なものとなっている。なぜなら、グローバルな外圧の影響をもろに受けながら、しかも、過去のヨーロッパの発展よりも、いっそう短期間にそれを達成しなければならないのだから。

本書は、最後に、〈異文化間対話〉のための新しい方向づけの提案で閉じられている。それは、簡潔に言えば、〈イスラーム原理主義〉という紋切り型の狭い見方から解放されて、対話のための視野を拡大すること、思考のブロック状態を打破することだ、と言ってよい。その際、〈ヨーロッパ近代〉そのものを、多くの失敗を重ねた試行錯誤の歴史としてとらえ直すことが必要不可欠とされる。そこで獲得されるリアルな自己像と他者像の発見を前提してこそ、真の文明間対話も可能となるであろう、という。

本書は豊かな情報量に溢れているが、明快な語り口で書かれ、いたるところで興味深い洞察をあたえてくれる。ただし、これまでの近代主義者たちとはまったく違った議論の仕方とはいえ、ここでは、ヨーロッパ的発展が他の文明圏の後発の近代化にとって規準的なモデルとされていることに違和感をもつ者も出てくるかもしれない。

西欧社会は、その近代化の問題をほんとうに解決したと言えるのだろうか。近代の成果について著者のあたえる高い評価にもかかわらず、現にそこに生まれているのは、形式的な選挙デモクラシーによって、国家による個人の統制が完璧なものとみなされ、いっそう洗練された形で構造的な社会的格差が強制されているだけではないのか。総じて、経済的グローバリゼーションの生み出す世界の現実——人口爆発や環境破壊、成長や発展の限界などの諸問題——が、厳しい問いをつきつけているのではないか。

これにたいする著者の回答は、おそらく〈近代〉そのものの〈原理主義《ファンダメンタリズム》〉とも言ってよいような——〈近代〉批判さえもなお〈近代〉のうちに位置づけて、徹底した自己批判を内包させる——とらえ方に尽きるように思われる。〈近代〉の課題は——人権思想や価値の多元化＝多様性もふくめて——西欧においてもリベラルな政治的原理を貫徹するための闘いを、決して完結してはいない。こうした自己相対化のための〈持続的反省〉こそ、ヨーロッパ〈近代〉の本質をなすものなのである。文化的伝統やアイデンティティの名において、そうした歴史に開かれることを止めた集団的な自閉主義や自己絶対化（〈神の国〉アメリカ！）こそ、ハンチントン的姿勢に通じるのではなかろうか。

著者は、ハンチントンのように西欧とイスラームとのあいだの断層線を強調する代わりに、むしろ、イスラーム社会内部ないしイスラーム諸国間においてこそ、顕著な紛争が存在することを指摘する。たしかに、近東のムスリームたちは、今日、西欧を激しく攻撃し、一部はきわめてラディカルな言葉で西欧的価値にたいする敵対を宣言している。しかし、それは、両者の価値が原理的に結びつきえないからというより、西欧的帝国主義の存続、とくにパレスチナ問題にたいする西欧、とりわけアメリカの無分別な〈ダブル・スタンダード〉によるところが少なくない。

西欧諸国は、戦略的・地政学的な理由から、イスラーム諸国における非民主的な体制を維持させるために、その影響力を行使し続けてきた。イスラーム世界の一部と西欧の一部とのあいだに客観的に存在している対立は、西欧諸国側のこうした政策を変更することによって確実に緩和されうるだろう。ひいては、それは、イスラーム社会の内部、さらにイスラーム諸国家間にある紛争のポテンシャルを減退させることにも貢献するのではなかろうか。

著者ゼンクハースは一九四〇年に南ドイツのガイスリンゲンに生まれ、テュービンゲン、アマースト、フランクフルトなどの諸大学で政治学、社会学、歴史学、哲学を学び、一九六三年からはフランクフルト大学でイーリング・フェッチャー教授の下に政治学助手をつとめる。一九六七年には学位論文『威嚇の批判——国際政治理論への寄与』を刊行。二年間ハーヴァード大学の国際関係センターでカール・W・ドイッチュ教授と共同研究。七二年からはフランクフルト大学教授（国際関係論）、七八年以後、ブレーメン大学教授（国際政治学、とくに平和・紛争・開発研究）となり、二〇〇五年に定年退官。この間にR・レール財団によるゲッティンゲン平和賞を始め、平和研究によるその他受賞や名誉学位。

ゼンクハースは、ドイツとアメリカの諸大学では、とくにI・フェッチャー、ラルフ・ダーレンドルフ、マックス・ホルクハイマー、テオドール・W・アドルノ、ユルゲン・ハーバーマス、アナトール・ラポポート、とりわけK・W・ドイッチュなどの影響を受けた。これらの先達から、とくに後年におけるイデオロギー批判や批判的理論の仕事にたいして理論的・政策的な面でも大きな刺激をあたえられている。彼の〈批判的〉平和研究は、明らかにフランクフルト学派の系統に立っているといってよい。

世界秩序による平和構築の努力は、あらゆるレベルで〈その意に反する〉辛苦に充ちた歩みを実証しなければならないだろう。カントの『永遠の平和のために』（一七九五年）の二〇〇周年に時を合わせるかのように、ゼンクハース『地上の平和のために』（二〇〇四年）が刊行されたことは、まことに意義深い。この中で、著者は、たとえば国際連合の組織改革と強化という課題を採り上げている。

繰りかえし論議されつつ一向にその具体化が進まない〈常任理事国〉の改革は、五大理事国のもつ既存の特権に反して、その構成員の拡大から、拒否権の放棄、実効的行動の義務づけにいたるまで貫徹されなければならないであろう。世界組織による首尾一貫した権力行使と安全保障をいっそう確実なものにするためには、〈己の意に反して〉国連参加国の主権を放棄することが承認されねばならないであろう。その結果として、重要な国連決議にたいする各国の参加権が実質的に拡大され、それによって、国連は、世界組織としての権威をいっそう高め、その正当性を担保されることになるであろう。こうしてはじめて〈グローバルな統治力〉〈Global Governance〉のための制度的バックグラウンドとして、国連にたいして将来的な期待をもつこともできるようになるであろう。

平和とは「暴力行使の防止を目指す暴力によらない政治過程」にほかならない。いよいよ加速化されつつあるグローバル経済によって生み出される「現代世界の分裂、不平等、不公正な関係を――たとえ全面的に克服しえないとしても――少なくても、それを減少させ平準化することに成功する場合にのみ、二一世紀の人類は、生存のチャンスをもつであろう」。これがゼンクハース平和論の将来的展望である。

ゼンクハースの仕事は膨大で、彼自身の著書のほか共著、編著をあわせると優に五〇冊を越える。その中から多くの仕事が、さまざまの外国語に翻訳されてきた。邦訳書としては、『軍事化の構造と平和』(高柳・鴨・高橋編訳、中央大学出版部)、『ヨーロッパ二〇〇〇年――一つの平和プラン』(河島幸夫訳、創文社)。

(「訳者解説」二〇〇六年八月)

〔追記〕

ゼンクハース君――今でも互いに〈君〉(Du)で呼び合う中だが、どうしても「君」づけで呼ばないと落ち着かない――との関係は、古く一九六〇年代初めにさかのぼります。フンボルト財団奨学研究生として私がテュービンゲン大学に留学したとき、たまたま街頭での出会いから生まれたものです。彼は、当時、高校新卒で入学したばかりの政治学専攻の若い学生でした。当初、私の研究指導者はテオドール・エッシェンブルク教授でした。最初の面接のとき、毎日、『フランクフルター・アルゲマイネ』紙の社説を読むこと、さらに毎日曜日に教会の礼拝説教を聴きにいくようにと助言されました。ドイツ語の日常的な習得を勧められたのです。このとき、同行してくれたゼンクハース君が教授から命じられて、私の「介添役」として——同君の言葉によれば「事前審査のリポート提出なしに」——一緒に演習に参加することを許されたのでした。

しかし、すでに当時から、私より遥かに若いこの学生の勉強にたいする激しい熱意と鋭い理解力には、ただただ舌をまくばかりでした。新進のラルフ・ダーレンドルフ教授の社会学講義は学生間でもきわめて好評で、「ドイツ社会では、いかにして大学教授になれるか」といったユーモアを交えた話で学生たちを湧かせていたのを覚えています。しかし、講義だけでなく、さらに「ドイツ社会におけるコンフリクト」というテーマの演習にも一緒に参加することになったのは、ゼンクハース君の強い勧めによるものでした。

翌年、私の妻が渡独して来たとき、彼が大きな白百合の花束を抱えて歓迎してくれたこと、また知人の車を借りて私たちをホーエンツォレルンの古城に案内し、山裾の渓流沿いにあるレストランで〈鱒《フォレレ》〉の名物料理を賞味したことなど、忘れられない思い出です。それ以来、互いに手紙を交わし合い、半世紀以上つづく親しい友人となりました。

その後、彼はフランクフルト大学教授として〈核兵器およびすべての戦争の廃絶を訴える〉パグオッシュ国際会議から招待されて京都会議に参加するため、一九七五年夏に初めて来日しました。そのとき、夫人と共に仙台まで足を伸ばし、東北大学でも〈核抑止論批判〉の特別講義を引き受けてくれたのです。講演原稿を私が一段落ごとに通訳しても学生たちの反応が今ひとつ鈍いのを見てとるや、彼は、私の手から原稿を奪いとり、彼の短いセンテンスの発言ごとに、ほとんど間髪を入れないで通訳させられたのです。聴講者たちが笑いや共感など活発な反応を示し始め、講演する彼も通訳に追われた私も互いに顔を見合わせて大満足。

この仙台滞在中には、ゼンクハース夫妻を案内して松島に出かけ、――彼らが〈生 魚《ローフィッシュ》〉と眉を顰《ひそ》めて当初は躊躇《ためら》った――刺身や寿司の味覚を楽しんでもらい、さらに〈蔵王のお釜〉まで登り、帰途には青根温泉にも立ち寄り、――和風の浴衣《ゆかた》まで着てみたものの、湯が熱すぎると騒いで入浴できなかった――それでも愉快な一時を体験できたのでした。

その後も、私が定年を迎えたときには、学部の機関誌の退官記念号（東北大学法学会『法学』第五五巻第六号、一九九二年）に「フリードリヒ・リストと近代的開発の問題」（祇園寺則夫訳）を寄稿し、その変わらない友情を示してくれたのでした。

二〇〇二年夏には、私がドイツの知人たちに最後の別れを告げるため一麦学寮の若い人たちを連れて旅したとき、むろん、ブレーメンのゼンクハース邸も訪ねました。ちょうどその日が、同君の六二歳の誕生日に当たるというので、不思議なめぐり合わせに驚かされました。しかし、この夜の招待客は私たちのみで、夫人の心づくしの数々――玄関に入るまでの階段の両側に一段ごとローソクが灯され、会食の途中では、一同、庭に出て花火を打ち上げるなど――リラックスした祝祭気分で楽しい交わりの時を満喫しました。

その翌日は、昨夜の歓待への返礼としてゼンクハース夫妻を招待して、ブレーメンの最高級の魚料理（天麩羅、刺し身、寿司など）を一同で会食会。その後、さらに皆いっしょに、この夜、当地のカトリック大聖堂で行なわれるチャリティ・コンサートに出かけることになりました。ドイツでは一般に夏休の期間中はコンサートは開かれないらしいのですが、たまたま中部ドイツ一帯が大洪水に見舞われ、その義援金募集のために音楽会が開かれることになったということでした。

出しものはバッハのカンタータ二一番とベートーヴェンのミサ曲ハ長調。ゼンクハース君の音楽感覚に驚かされたのは、彼の希望で確保された会堂の中の指定した座席――二階のオーケストラ席、指揮者やソリストがちょうど右上に見える斜め真下――の位置でした。音響が一度は天井から床に落ちてきて、その反響が正確に耳に入ってくる場所なのだ、というのです。実際、その通りで予想していたより以上にピッタリの座席でした。

バッハのカンタータは、洪水の――苦悩の――中で助けを求める信仰者の切なる声を歌う第一部。さらにそれに応えて第二部でイエスが「私はお前と共にいる」と語りかける甘く美しい二重唱。とくに心をゆすぶられたのは第九節。テノールとソプラノが定旋律で「わが魂よ、平安なれ」と歌うあいだに、低くコラール（『讃美歌21』四五四番の第二節と第五節）がくり返される。その響きは、下から盛り上がってくる大波のように、静かな力強い感動をあたえる。圧倒的に響く音――それも、はっきり聞きわけられる独唱者の一語一語。洪水犠牲者の支援をバッハのテキストにからませたコンサートの構成の巧みさにも感心。

教会のカンタータとは、こんなにも力強く訴えてくるものなのか。ドイツの文化的伝統が今も生きていることを肌身に感ずる思いでした。最後のトランペットの響きわたるヨハネ黙示録五章〈小羊賛歌〉の高らかな合唱が終わったとき、背後の席に座っていたゼンクハース君が力を込めて私の肩をぐっと押さえつける。「どうだ」と確認を求めている表情に、思わず「アインマーリヒ！」（比類なし＝一回限り）と叫んでしまった。じっさい、こんなに深い感銘をあたえられたのは初めての経験でした。

この体験と関連して、最後に、ゼンクハース君の仕事の中で、注目すべき新しい地平の展開についても触れておきましょう。『平和の響き』（二〇〇一年）、『耳で聞きとる平和』（二〇〇五年）などクラシック音楽の中にあらわれた平和の希求を分析して、平和研究の上でまったく特異な新分野を開拓しているのです。

III　編集者との出会い

一麦学寮玄関口　石原博　画
（本書157頁以下、なお116頁参照）

1　吉野源三郎氏から教えられたもの

〔書評〕「歴史をつくるもの――吉野源三郎『七〇年問題のために闘っている諸君へ』（現代の理論社、一九七〇年）を読んで」

期待と不安を混えて迎えられた問題の一九七〇年に入って、すでに二か月を経、安保条約の期限満了を四か月後に控えて、反対運動は、かってない深い混迷と停滞とに陥っているようにみえる。そこでは、安保をむしろ〈七〇年問題〉として位置づけ直す長期的な展望が必要であり、したがってまた、反対運動みずからの精神的立脚点について、原理的な反省を迫られているのではなかろうか。

本書は、五〇年代初頭の全面講和論、六〇年安保闘争いらい、一貫してこの問題に取り組んできた著者が、その長い体験と反省を踏まえ、折りにふれて語られた重要な提言をふくんでいる。

著者によれば、平和の問題は、戦後日本の精神的独立のための、基本的な座標軸にほかならない。なぜなら、戦争の責任を問われ、戦後占領されたわが国は、平和に徹することによって、はじめて征服者をも批判しうる原理的立場を獲得し、軍事的な無力にもかかわらず、平和という国際的大義に立つことによってこそ、いかなる大国にも屈しない勇気や気概をも身につけえたはずだからである。なかんずく、著者の念頭を去らないのは、中国にたいする政治的・道義的責任の問題であり、それを抜きにして、今日、我が国の安全保障を論じ、また中国の強硬外交を批判することを、根本的な誤りとするのである。

こうした高い責任感覚は、他方、冷静な状況認識と結合して、安保反対の戦略の慎重な検討を促すことになるであろう。著者は、運動論については「まったくの素人」の意見にすぎないと謙遜に記しているが、かえって「部外者」としての客観性から、透徹した批判的な指摘がなされている。

安保のような闘争には、巨大な戦力が必要であり、社会の各分野における役割分担に応ずる「縦深の戦線」を組み合わせて抵抗する「共同のビジョン」が回復されなければならず、したがってまた、六〇年のような大衆運動の高揚によって一挙に決する形ではなく、非常に「長い粘り強い闘争」が予想される。その場合、著者は、革新の思想や意識が政治的な力に転換される媒介体として、組織労働者の行動に高い評価と期待とを寄せている。そこからさらに、若い労働者たちが、自己の労働によって独立不羈の人間としての誇りに目覚め、同時に、現代における社会のひずみと価値のさかだちとを認識するために、みずから学ぶ読書の指針についても説きおよんでいる。

こうした観点からすれば、著者が全共闘系の学生運動に一定の理解を示しつつも、安易なゲバルトの理論やウルトラ路線への短絡に、厳しい批判を加えているのは、当然であろう。そうした戦後世代の行動には、あきらかに、今日、当然自明視されている自由や権利の貴重さにたいする実感の欠如があることは否定できない。本書を通じて、とくに印象深い特徴の一つは、「歴史の歩みは、実に重い」という、著者の鮮明な歴史的感覚であろう。戦後デモクラシーに対する著者の評価も、そこから由来する確信に裏打ちされ、まことに説得的である。こうして、明治いらいの長い苦闘の前史をもって生まれた戦後民主主義を積極に肯定し、今日指摘されるその問題点をも、民主主義をいっそう徹底化させる方向で、解決することを期待しているのである。

著者も認めるように、歴史的観点に立てば、困難にみちた「現実」も、けっして動かしえない既成事実ではなく、つねに状況化の可能性をもった存在である。また真に生きた「理想」は、社会の外から天降る主観的な空想ではなく、社会そのものの中から生まれ出てくる実在なのである。「その理想が千人、万人の胸に火を点じてゆくとすれば、たとえ、まだ、それによって社会全体の変化が生じなくとも、すでに古い現実の中に新しい現実が生まれてきているのだ、といっていい」。

本書にみられるのは、こうした意味で、歴史の教訓に学び、新しい未来を志向するリアリズムと、高い理想主義との見事な結合であり、およそ平和の問題に関心をもつものにたいして、深い感動をあたえずにはいないであろう。

（『エコノミスト』一九七〇年三月号）

〔追記〕

著者吉野源三郎氏については、ご紹介するまでもなく著名なジャーナリスト、文化人であり、雑誌『世界』の初代編集長として戦後民主主義の確立や反核平和運動のために闘ってきた指導者の一人です。しかし、今では、むしろ大ベストセラー『漫画　君たちはどう生きるか』（マガジンハウス、二〇一七年）の原作者として知られているのではないでしょうか。現在では、原書が岩波文庫（丸山真男先生の〈解説〉付）にも入れられ、版を重ねています。「吉野さんの思想と人格が凝縮されている、この一九三〇年代末の書物に展開されているのは、人生いかに生くべきか、という倫理だけでなくて、社会科学的認識とは何かという問題であり、むしろそうした社会認識の問題ときりはなせないかたちで、人間のモラルが問われている点に、そのユニークさがあるように思われます」と。

吉野さんは一九三〇年代初めに治安維持法で逮捕され有罪判決を受けた体験者ですが、この一九三七年に出版した児童文学の中で「非国民」という今では廃棄語となっている軍国主義的な用語をあえて批判的な文脈の中で用いています。そこには、戦時下にあっても変わることのなかった著者の独自のヒューマニスト精神が示されていたのです。

私自身も、小著『若き教師たちへ――希望としての教育』（岩波ブックレット、一九八三年）の中で、『君たちはどう生きるか』の最後の場面、主人公コペル君がノートブックに記した彼の決意表明について紹介したことがあります。すなわち、何も生産できない自分であっても、〈いい人間〉になり、「いい人間を一人この世に生み出すことはできる」、さらにそれ以上のこと、すべての人が互いによい友達であるような「世の中の到来に役立つ人間」になることだってできる、と。ここには、純真な子どもの言葉で、人間が歴史を変革する責任主体として新しい未来を切り開いていく希望に生きる社会認識が語られています。

冒頭に掲げた私の〈書評〉にたいして、吉野さんからは、――知る人ぞ知る――「例の雄渾《ゆうこん》な楷書で肉太に認められた封書」（丸山先生・評）のお手紙が届けられ、その自己を律することに厳しく、しかも他者への思いやりの深いお人柄を示す文章に心打たれました。

……あの拙著については、いろいろ反響がございましたけれど、私としては『エコノミスト』に掲載された御批評ほど、ありがたいものはありませんでした。……あの本は、いわば啓蒙的な文章の集まりであって全体として一つのアピールではあっても、著作と名づけるに足る内容を備えているとは自らかんがえておりません。それにも拘らず批評の労を吝まれず、あれほど懇切なお言葉をいただいて、むしろお恥ずかしいくらいです。ただ、あのような文集にせよ、今日、これを世におくろうと考えましたモティーフについては、やはり多くの人々の御理解は欲しく、その点で、まことに緻密な行届いた御理解を拝見することができて、私としては、これ以上のことはないと存じました。最初あの本を出すことを躊躇しておりました私に熱心に出版を求めた安東甚兵衛君も、感激しておりました。「われわれがあれを出そうと考えた意図が、これほど適格に分かっていただければ、いうことはありませんね」と申しておりましたし、私も全く同感でございました。……

幸いにあの本も少数ながら増刷に漕ぎつけました。……無名の出版社がどんなに過酷な悪条件を取次店から押しつけられているか、こんど始めて知りました。それだけに安東君たちが万一にも損をしたら――と、実は少なからず心配しておりましたのです。その心配も、どうやら脱したようで、ありがたく存じています。……(一九七〇年四月五日)。

〔付記〕

このお手紙にたいして直ちに礼状を差し上げましたが、それには「ゲバルトの論理とキリスト者」(『同時代史を生きる』新教出版社、二〇〇三年に収録)という、当時の私の講演記録も載せた『みちのく通信』を同封しておいたのです。早速、受け取りのお葉書が届けられました。「マルクーゼの〔全〕否定についての見解(=総反乱論)に対する御批評も、ちょうど同じようなことを考えていましたところなので、同感を以て拝見しました」と。

こんなやりとりのあと、同じ一九七一年秋に出版した小著『非武装国民抵抗の思想』(岩波新書)を贈呈したところ、再度、礼状のお葉書をいただきました。

> 早速、第一章を拝読、ここまででも、いろいろと御教示を受けること少なからず、また私たちの訴えたいところを代わって主張してくださっている思いがして、非常に嬉しく存じました。文章にも気持ちのよい緊張が感じられ近来での好文章と存じました。……。

とても驚かされたのは、翌年初めに、右の小著を『婦人之友』〔誌〕から依頼されて「短い紹介をすることになりましたが、限られた紙面で意に満たず、御本旨を誤り伝えていなければよいがと心配」という、丁寧なご挨拶までいただいたのです。日頃、私は自分の本が〈書評〉に取り上げられるだけで有り難く感じてきましたが、いわば事前に〈書評者〉によるこれ程のお心遣いに接するとは、ただただ驚嘆するのみでした。

以下には、「平和の原理を追求する」と題された書評の冒頭と末尾の文章のみ記します。

新書版二二〇頁という小さな本ですが、これほど内容の充実した本は大冊の本にも稀れだと思います。……平和の擁護が、極めて現実的な政治的問題であると共に、私たちにとって極めて身近な、しかも深い思想的問題であることを、これほど具体的にかつ原理的に明らかにしてくれた本を、私は他に知りません。けっして楽に読み通せる本ではありませんが、一頁一頁考えながら理解してゆくことによって、私たちは、たとえ結論にそのまま賛成できない場合にも、平和についての自分の思想を、それぞれに根底から堅めてゆくことができるでしょう。私自身、著者に心から感謝しています（『婦人之友』一九七二年三月号）。

2　編集者・安江良介氏――雑誌『世界』から一麦学寮まで

読書人としての安江さんの思い出

今年のはじめ急逝した安江さん（前岩波書店社長）と最初に出会ったのは一九六五年のことだ。雑誌『世界』の若い編集部員として仙台まで訪ねてくれた。その熱意と雄弁に一も二もなく説得されて、私は、当時いささかの決意をもって宗教政党（＝公明党）批判の論説を書くことになった。それいらい安江さんの思い出は少なくないが、ここでは、私たちの集会と関係する話だけ一、二記しておきたい。

一九七九年の初め、安江さんから電話があり、一麦学寮での学生たちとの読書会を『世界』誌上にとりあげたいとのこと。流れるような弁舌で口説かれたが、このときは即座にお断りした。記事とするに値するレベルの内容ではないから、と。しかし、寮生たちにこの話を伝えると、ぜひやってみたいと言う。三月末に編集長の安江さんみずから若い編集部員を連れて来仙。

半日、私たちの討論につき合ってくれた。

「同世代として青年像を語る」（六月号）の座談会が、そのときの記録である。安江さんは「やや華やかになりましたね」と彼自身も評したような出席者たち全員の写真とともに、この読書会について大変好意的な解説を載せてくれた。「二三〇万学生へ」というこの特集号は、『世界』としても初めて〈若者論〉をとりあげた斬新な企画だった。よく売れたらしいことを後から知らされて、こちらも大いに元気づけられた。

これには後日譚もある。座談会にたいする原稿料代わりに多額の図書代がいただけることになり、岩波の出版図書目録が二冊送られてきた。その一冊は児童書用のものだったが、学生たちと相談して読みやすい児童書も引きとることになった。このとき、ル＝グウィン『ゲド戦記』やC・S・ルイス『ナルニア国物語』などと出会えたのは幸運だった。安江さんは、大学で「外書講読」の時間と同じように「読書指導」の講座を設け、できれば必須四単位として毎学年に課すべきだ、という年来の主張者だった。私たちの集会にたいする温かい理解と共感も、そこから来ていたのは確かだろう。

二つめの例。一九九二年九月に一麦学寮は二〇周年を迎え、かつての仲間を全国から集めて記念集会をもつことになった。この機会に仙台市民に向けた公開講演会をすることになり、岩波書店社長になっていた安江さんに講師をお願いした。多忙にもかかわらず、純粋な好意から

〈謝礼などすべて〈無料〉で〉快諾してくれた。私たちは、東北大生協の協賛もとりつけ、たくさんのチラシやポスターをつくった。新聞に大きく予告されたこともあり、当日は、会場に溢れる聴衆がつめかけた。

安江さんは「戦後日本が失ってきたもの」と題して、二時間余にわたり、文字通り、熱弁をふるった。とくに日韓関係にたいする日本の道義的責任や二一世紀を迎える地球市民としてのグローバルな課題について、鋭い時代感覚を力強く証言するものだった。私たちの若い仲間の一人は、「現代の病巣を鮮やかに抉り出されて、身ぶるいするような感動を受けた」と語っていた。

同時に、このときの博引傍証の講演を通して、私たちは、安江さんがすぐれた読書人であることを強く印象づけられた。よく知られているように、「安江良介が選んだ一〇〇冊の本」というのがあり、それには、社会・人文科学から宗教の分野にいたるまで、広い目配りと読書遍歴の豊かさが示されている。超多忙な出版人・経営者としての活動の中で、これだけの読書量――リストアップされたものは、むろん、その一部にすぎないはずだが――が蓄積されているのは、読書に専心できる研究者の目からみても驚異と言うほかない。

あとから安江さん自身、この仙台講演の思い出を『信濃毎日新聞』のコラム欄に記している。「私たちの社会の教育にたいする不満は、いまや深い失望にいたっている。しかし、尽きることのない真の教育の力を、私は仙台に実感できて、激しく感動した。見事な秋晴れの日であった」。この深い友情に私の感謝の思いは尽きることがない。

（『安江良介・その人と思想』追悼集刊行委員会編、一九九九年）

〔追記〕

この追悼集には、日本社会の実に広い分野の人々による寄稿があり、安江さんの人脈の豊かさと多彩な活動に開かれていた事実が示されています。その証言から、岩波書店入社の頃の様子なども伝えられていて興味深い。

金沢大学文学部を卒業後、岩波書店に入社したとき、応募者八八〇名の中から五名採用という難関を突破できたのだという。雑誌『世界』編集部に配属され、吉野源三郎氏のもとで鍛えられ、岸内閣による警職法改悪から六〇年安保闘争にいたる激動期に、その政治感覚を豊かに養われたのです。広島や沖縄、平和や核の問題、戦後民主主義などを、その終世の課題として追及することになったのでした。戦後の原水禁運動の課題と実体とを明らかにした大江健三郎氏の『ヒロシマ・ノート』が、一緒にヒロシマを訪れた安江さんとの終世にわたる友情から生まれたことも、よく知られています。

驚かされるのは、安江さんが北朝鮮の金日成主席とも友好な関係をもっていたことや金大中氏との対談が彼の軍事政権による拉致事件のただ中で『世界』誌上に載せられたことでした。南北朝鮮の統一という課題にいささかでも関わり、日本の戦前から戦後にいたる罪責を担おうとする志に出るものでしょう。

ことに編集長として一九七三年三月から八八年三月まで一五年間、TK生による『韓国からの通信』を連載して韓国民主化闘争を支援し続けました。軍事政権による厳しい探索の中で、密かに執筆し送り届ける側も、それを受けとる安江さんの側も、万一の場合を考えねばならない危険を冒しながらの仕事だったのです。岩波新書に全四巻として刊行されることになった『韓国通信』は、戦後日本のジャーナリズムによる誇るべき成果でした。安江さんは、一時期、美濃部東京都知事の特別秘書として革新自治体の確立のためにも活躍しました。その一つとして国と対立する中で朝鮮人大学校を設立するという難問を解決できたのは、おそらく安江さんの〈政治力〉によるところが大きかったことでしょう。

先述した『信濃毎日新聞』のコラムは、夕刊の「今日の視角」という欄に数名の有名人が毎週一回ずつ、四〇〇字二枚足らずの原稿紙面に〈時評〉を分担するシリーズでした。安江さんは社長という激務の中にありながら、それを引き受け、一九八九年一〇月に初登板して以来、一九九六年七月初め講演先の学習院大学で――「天皇制」について論じる予定だったらしい――倒れたために休載されるまで、一度も休むことなく、さまざまのテーマで書き続けられたのです〈その全文が『同時代を見る眼』岩波書店、一九九八年に一巻本として収録されています〉。

この中で私の興味を引いたのは、たとえば「エンデさんの死を悼む」という文章でした。これが執筆された一〇年ほど前に、ミュンヘンでエンデと初めて会われて一夜を語り明かした思い出を回想しています。安江さん自身、エンデのいう〈メルフェン・ロマン〉の愛読者だったのです。岩波書店から出版されているエンデの代表作『モモ』や『はてしない物語』は、子どもだけでなく大人にも愛されるベストセラー中のベストセラー。安江さんによれば、エンデは〈現実を乗りこえる希望〉を求める作家であり、そのファンタジー文学は「強い力と普遍性」をもっているが、それらのファンタジーの裏には、〈極めて深刻な現実認識〉があることを指摘している、というのです。

「ポジティブなユートピアが欠けている。この事実こそ疑いもなく現代の意識の特徴だ。若い世代の意識がとくにそうだ。巨大な無気力が支配的になっているのも、こうゆうユートピアの欠如のせいではないのか」と。エンデは、ハックスリーやオーウェルに見られるようなネガティブな〈逆ユートピア〉とは違い、豊かな想像力を解放する〈ポジティブな〉ユートピアによって、暗い現実の制約を越えて新しい未来に開かれる人間の積極的な生き方を訴えようとした作家なのです。

こうした安江さんのエンデへの共感は、反ナチ抵抗運動に加わり三九歳の若さで殉教の死を遂げた神学者ボンヘッファーが暗黒の時代に抱き続けた〈将来への意志としての楽観主義〉に通じるものでしょう。それは、彼が「他の人びとが諦めているところでも希望する力、一切が失敗したと見えるときにも頭を高く上げる力、反動に耐える力、将来をけっして敵に譲り渡さないで、それを自分のものとして要求する力である」(「一〇年後に」)と語っているものです。じじつ、安江さん自身、ボンヘッファーの愛読者でもあり、彼の『獄中書簡集』にたいする畏敬の思いを、『信濃毎日新聞』のコラム欄(一九八九年三月)にも書きとめています。

実は、私が一九九五年夏に出版した『ボンヘッファーを読む』は、彼の没後五〇周年を記念するため、前年夏に「岩波セミナー」で行なった講義によるものでした。このセミナーの企画自体、安江さんの好意と熱意から可能になったのでした。一九九六年七月、安江さんは講演先でクモ膜下出血のため倒れ入院されます。翌年春、このセミナーブックスの編集者・高林寛子さんが〈代読〉してくださるというのでお見舞い状を送りました。

一麦学寮二〇周年の安江さんの記念講演のこと、近い二五周年には私自身が「ローズンゲンの歴史」について――ボンヘッファーの関わりにも触れながら――話す予定など。高林さんからは、早速、安江さんの枕元で読み上げたときの様子を伝えてきました。

〈一麦学寮〉のくだりで、ぎゅっと手が握りしめられ、何かおっしゃりたそうな表情でした。一日も早く再起の日を……と、そして〈あなた（＝神）は私のための道をご存じです〉というボンヘッファーの言葉を読み上げながら、胸が一杯になってしまいました。安江さんの心にも、きっと届いたと思います。

その後、まもなく私自身も、高林さんに案内されて病院を訪ねました。仰向けに横たわった安江さんのベッドに身を寄せて、彼の手を握り、耳元に大声でゆっくり呼びかけました。「安江さん、あなたとはボンヘッファーについてよく話しましたね。元気になってください。またボンヘッファーについて話し合いましょう」と。

「ボンヘッファー」という言葉を掛けた瞬間、私は自分の掌が強く握りしめられるのを感じたのです。話が通じたのだ、意識されたのだ、と体がふるえるような感動を覚えました。翌年一月、六二歳の若さで逝去された安江さんとの最後のお別れとなったのでした。

3　ベストセラー作りの〈名人〉——岩崎勝海氏と高林寛子氏

私の出会った本づくりの〈名人〉岩崎勝海氏

岩崎さんの手で編集・出版された小著は四冊ある。岩波新書の『現代日本の民主主義』（一九六九年）、『非武装国民抵抗の思想』（一九七一年）、岩波ジュニア新書の『きみたちと現代』（一九八〇年）、それに岩波ブックレットの『若き教師たちへ』（一九八三年）である。長年にわたって書いてきた多くの小著の中でも、いずれも飛び抜けて高い版数を重ね、文字通り〈ベストセラー作り〉岩崎さんの令名を——私なりのレベルで——実証するものだ。しかし、当初は、巷間で著名だったそんな肩書については、全く無知だった。

岩崎さんとの最初の出会いは、一九六八年の夏頃だったか、岩波新書への依頼の手紙から始まった。この年の春、数年がかりで仕上げた私の最初の専門の学術書『西ドイツの精神構造』（岩波書店）を読まれた上でのお便りだった。当時、私の念頭にあったのは、西ドイツと相似た条件下におかれた戦後日本の政治過程の問題であった。占領による民主化の起動から、冷戦の中での経済的再建、高度成長下の保守体制化、復古的ナショナリズムの問題などなど。「戦後デモクラシーの定着と実現という国民的課題の共通性」ゆえに「西ドイツ研究から学びうる教訓は、けっして少なくない」と小著の「まえがき」に記していた。岩崎さんは、こうした問題意識に目をつけて新書への執筆を求めたようだ。

岩崎さんの熱意と共感との溢れる速達の手紙にたいして、私が快諾したことは言うまでもない。翌年初頭には原稿を待っている旨の年賀状が届いている。しかし、前年秋頃から全国各地で広がり始めた大学紛争の波が私の勤務する大学にも押し寄せていた。初めは学部選出の学生補導協議会のメンバーとして、途中からはさらに大学評議会のメンバーとして、紛争の渦中に立たされることになった。全共闘運動の拡がりとともに民青系の自治会との対立が尖鋭化していった。暁に及ぶ団交への立ち会い、はては大学本部や研究棟の封鎖など。紛争は拡大の一途を辿り、学内の会合のために翻弄され続けた。当時の日記には、岩崎さんから矢のような督促を受けながら原稿作りに追われていた様子が記されている。体力的によく続いたものだと、今では、そうした日々が懐かしい。

私の最初の岩波新書は、こうした大学紛争の直接的体験を踏まえて、戦後デモクラシーを〈虚構と幻想〉として全否定するラディカルな体制変革をかかげる運動に対して立ち向かうための理論的構築でもあった。最終章「現代デモクラシーの思想と行動」は、こうした中で雑誌『展望』のために緊急にまとめた論文に加筆したものだ。雑誌論文では、当時、評判だったヘルベルト・マルクーゼの〈総反乱〉論にも原理的な批判を試みている。この部分は、新書の中では落として「制度を踏破する〈長征〉」という終章に代えたが、岩崎さんからは何度か全文収録をねばられた記憶がある。

いま一つ忘れられないのは、この本のタイトルの変更である。この本の中扉には丸山真男先生の『日本の思想』の一文をかかげていたが、タイトルも『制度をつくる精神』とする予定だった。読者にいささか通じ難いという営業関係からの要望もあったらしく、発売直前になって現行タイトルに変更した。私自身には少し不満が残ったが、結果的には、この一般性のある表題がよかったようだ。その後、二〇刷近い版数を重ね、各地の高校社会科の副読本にも採用されたりして、よく読まれた。『展望』の論文は、翌年秋には吉野作造賞をあたえられ、それを収録したこの新書は、私にとって、いよいよ思い出多いものになった。

しかし、すでにその少し前、この年の七月と八月には岩波市民講座へ出講するために上京している。その都度、上野駅まで、岩崎さんが出迎えてくれ会場の岩波ホールへ案内された。じつは、この講座の直前に『展望』に発表した論文「非武装国民抵抗の思想」が『朝日新聞』の論壇時評欄で坂本義和氏によって大きく取り上げられていた。これは、非暴力による市民的防衛のあり方を論じて、憲法第九条の現実性を訴えたものだ。その反響の大きさもあってか、市民講座のテーマとしては「非武装平和の思想」が選ばれた。このとき、戦後民主主義論につづいて平和憲法論もまとめてみてはという岩崎さんの提案があった。この講演で話した内容が、当然、次の新書の柱となった。

このときもタイトルが問題になった。今回は、岩崎提案を退けて、私は現行タイトルに固執した。それは『展望』論文の反響へのこだわりもあったからだと思う。ただし、この新書を書きながら、私は主観的には丸山先生――ひいては私の好きなトレルチやウェーバーなど――の文体を真似たつもりだった。たくさんの情報を短いセンテンスの中に盛り込むことによって、豊かな素材と精密な分析とを提供したいという願いからであった。中扉には南原繁先生の『日本の理想』の一文を引いた。岩崎さんはタイトルをふくめ、こうしたわがままを容認してくれたが、結果的には、それが裏目に出たのではないかと反省している。というのは、この本は、当時、社会党の成田委員長をはじめ、労組その他の団体でも学習テキストとして使われたらしいが、難解だという声が強かったようだから。私の立場に近い知友からも直接にそうした声がぶっつけられたところからみると、おそらく編集部には、読者からの非難がたくさん届いていたことだろう。

その翌一九七二年に、私は自宅の庭先に小さな学生寮を建てた。それまで十数年続けてきた学生たちとの読書会と聖書研究会の参加者がしだいに増えていた。そのため、少し広い集会室をつくることが必要になり、この機会に数名を止宿させる個室をもつ「一麦学寮」が生まれた。そのための建設資金の一部として二冊の岩波新書の全印税も投入することになった。これを伝え聞いた岩波雄二郎社長も関心をもたれ、八月末の献堂式には、岩波書店から好意の贈り物として壁時計をいただいた。

ただし、この時には制作が間に合わず、目録を持参した岩崎さんが出席されて祝辞を述べてくれた。「日頃、大学の先生方が経済的に余裕のない中で研究生活をしておられるのを見聞することが多いので、私財を投じた学寮の建設という話は、まったくの驚きだった」と。帰京後、さらに重ねて共感の手紙もいただいた。「ご夫妻の献身と若い方々との信仰をとうしての結びつきに、現代をどう生きるかという根源的な課題について非常に大きなことを教えられました」と。

おそらく、こうした観察からでもあったか、まもなく岩崎さんの基本構想による新しい岩波ジュニア新書のための執筆依頼を受けた。しかし、学生たち向きにはともかく、いっそう若いジュニア向きのシリーズということで、当初は大いに躊躇した。それでも教養部の学生までふくむものだという幅の広さを聞かされて、編集者の熱意に押し切られてしまった。前回の新書のこともあり、それなりに分かりやすく書いたつもりの原稿は、しかし、校正の段階で文字通りズタズタにされた。最近よく敬遠されがちな四字熟語など当然用いなかったはずだが、岩崎さんからは、ほとんど連日のようにかかってくる電話の訂正要求。編集者の恐ろしさにおびえさせられ続けた日々であった。ジュニア読者にふさわしく各頁の情報量を多すぎないようにする、ということが岩崎さんの哲学だったと思う。こうして二字熟語の名詞や動詞は、すべて漢字一字のものに直すため、たえず岩波国語辞典を引き続ける羽目になった。

引き受けるのではなかったという後悔のほぞをかんでも、後の祭り。タイトルについても今回は、全面的に編集者に一任したことは言うまでもない。内心いささかいぶかる思いもなかったわけではない。じじつ、古い卒業生からは『きみたちと現代』などと「先生もだいぶ枯れてきましたね」(年をとったの意か?)と電話がかかってきたりもした。しかし、この本は、その後、このシリーズでも売れ行き良好の一冊として生命を保ち、現在までに三九刷を重ね、三〇万部近い部数をもつ。小著の中で押しも押されもせぬ最高のベストセラーだ。文字通り〈名人〉岩崎さんの実力の前に脱帽している。

『若き教師たちへ』も岩崎さんたちのアイディアでつくられた新シリーズの初期の一冊だ。この企画への依頼も、たぶん一麦学寮で育っていった多くの若い教師たちの働きとは無縁ではなかったと思う。今でも二〇刷近く現役をつとめており、教育学部の学生のための補助テキストに用いられ、また宮城県のように毎年春に新任される公立小中高校の全教員へプレゼントしているところもあるようだ。

岩崎さんは、一九八五年春に岩波書店を定年退職された。その年の初夏の頃、私たちのグループは、岩崎さんを仙台に迎えて講演会を開いた。演題は「ライフ・スタイルとしての読書——編集長二〇年の経験から」。そのとき私たちのつくった宣伝用チラシの一節。「〈ベストセラー作りの名人〉と言われ、岩波新書に多くの名著をくわえたほか、岩波ジュニア新書や岩波クラシックスの創刊に尽力。現在、岩波書店編集部顧問。編集の仕事のかたわら、時々の言論・出版・文化の動態を論じた評論を多数発表。それらをまとめた『出版ジャーナリズム研究ノート』や『編集長二〇年』などの著書は、氏の鋭い時代洞察を示している」。

この講演会には、読書を愛する老若の聴衆がたくさん集まった。その中には、ジュニア新書の編集長を岩崎さんから引き継いだ島崎道子さんも、東北出張の旅の途中、駆けつけて顔を見せてくれた。当日の講演は、近代日本の読書経験から説き起こし、大量の情報の行きかう現代社会でも、なお書物という活字メディアこそ、人間にとって人間性を養うもっともすぐれた媒体であること、真に知性と想像力を豊かにして、歴史を継承する力をあたえるものだという結論であった。

この四〇年のあいだに、私たちは、読書体験を共有することによって若者を育てることを自分たちのライフワークと考えるようになっていた。そうした私たちの思いに、この岩崎講演は、活字文化の生産現場からの確信に満ちたメッセージとして大きな励ましをあたえてくれるものであった。

（『岩崎勝海追悼集・言論に理性を出版に文化を』二〇〇二年）

高林寛子さんを送ることば

昨年末に高林さんを「送ることば」についてご依頼を受け、直ちにお引き受けしたものの、〔当日の送別会では〕名エッセイストの岡部伊都子さんと並べて読み上げられるということで、はなはだ重い気持でもあります。

これまでも仕事の関係上、多くの編集者と知り合って来た中で、高林さんは、私の心にいつまでも残るお一人となりました。随分長いお付き合いのように思っていましたが、振り返ってみれば、『ブックレットのぶっくれっと』（一九九一年）のため小さいエッセーの御依頼を受けて以来、僅かな歳月にすぎない事実に驚かされます。この数年の間にブックレット（三冊）、単行本（二冊）、著作集（七巻）と、つぎつぎにたくさんの本を作っていただきました。やっと書き上げた原稿をこちらが送ると、高林さんからは、いつも間髪を入れず感想や反応が返ってきました。それは、執筆した者を励ます共感のことばであり、また暖かい理解や熱意を示すことばでもありました。それは、この編集者の御要望や期待に今後も沿わねばならないという私の思いを強める〈柔らかい説得〉となっていたのでした。

元来、出無精の私が高林さんに初めて直接にお会いしたのは、大分あとになって岩波市民セミナーのために上京した折のことでした。高林さんは、それまでいただいたお手紙の丸味を帯びた大きな文字や電話での同じく柔らかい調子のお声から想像していた通りの方でした。この時のボンヘッファーを扱ったセミナーにも、終始、熱心に参加してくださり、ついにはその編集出版まで引き受けてくださったのでした。こうした出会いの中で培われた信頼関係から生まれたのが『聖書の信仰』の企画でした。これは、私にとっても戦後五〇年の歩みと重なる自分の求道生活を総括する仕事と考えています。その意味では、文字通り〈一期一会〉の出会いとなった編集者・高林さんへの感謝の思いは言い尽くしがたいものがあります。

新しい環境の中で、高林さんが恵まれた〈自由〉の時を、これまでとはまた違った形で、さらに充実したものとして生きられるように、上よりの御祝福を念じ上げます。最後に岩波市民セミナーでも取り上げたボンヘッファーの『獄中書簡集』の中の詩の一節を記して「送ることば」の結びといたします。

よき力あるものに、不思議にも守られて、
何が来ようとも、私たちは、心静かにそれを待ちます。
朝に夕べに、そして来る日ごとに、
神は、確実に、私たちのかたわらにおられるのです。

（一九九六年一二月）

〔追記〕

「ベストセラー作りの〈名人〉」という表題を付けていますが、私の見るところ、高林さんも、その編集された『岡部伊都子集』（全五巻）の示すように多くの読者を喜ばせた〈名人〉のお一人だったことは確実でしょう。その秘密はどこにあるのか。私の実感では、これまで多くの編集者と交流してきましたが、高林さんほど頻繁に来信のあった方は他にはいなかったという事実が特別に印象的です。じっさい、高林さんは、あちこちでの私の講演会にも、よく顔を出されることが多く、その都度、いつも便箋用紙一〇枚近い長文の感想を寄せてくださったのです。アンデルセンの童話「はだかの王様」の講演原稿を届けたあといただいた葉書から一例だけ記してみましょう。

「只の人として生きる」拝読しました。短い文章の中に何と深いメッセージが込められていることでしょう。いわばショックといったようなものを受けました。王様や家来の愚かさを、子どもの素直な目は見抜く……という単純な風刺と理解していた物語に、これほど深い意味がこめられているとは!! 着物・メガネ・ペテン師にも両義性があるとは!! そして私たちは、あの王様のように、〈ある意味で裸にならなければならない〉という逆説!! 全く驚きの連続でした。本を読むことの喜びを改めて感じさせていただきました。

——これが上述した〈柔らかい説得〉として私が編集者の企画を引き受けざるをえなくさせられたユニークな仕方でした。

『聖書の信仰』の企画は、岩波セミナーの終了後、『ボンヘッファーを読む』として出版するための最終稿をやっと送り届けたとき、受領のお返事に添えて、高林さんから「何としても、お聞きとどけていただきたいお願い」として、長い御依頼の文章が添えられてあり、すっかり驚かされました。戦後五〇年にあたり〈自分史〉をまとめてみては、という強いおすすめでした。セミナーで語った「同時代人としての責任ある歩み」を「一麦学寮でのさまざまのエピソード、読書指導のことなども、そのまま自分史に重ねる」かたちで、と。しかし、そうした形で〈自分〉を語ることの苦手な私は、なかなか踏み切れませんでした。

熟慮の末に、同じ五〇年のあいだ、学生たちと共に考え語り合ってきた聖書的信仰とは何だったかを総括してみるという構想を思いつきました。私の返答は「剛速球の返信」として彼女を驚かせましたが、何度か長い手紙のやりとりを重ね、ついに『聖書の信仰』七巻を編むことになったのです。

「一九九六年の新企画」として『図書』一月号に載せられた高林さんの手になる宣伝文。「書名『宮田光雄集〈聖書の信仰〉』、六月上旬刊」。「聖書のメッセージを広く人生や文学・芸術さらに社会との関わりで読み解き集成した。思想史、深層心理学、文化人類学、またキリスト教図像学なども取り入れ、多彩でわかりやすく、一般読者向き。全七巻」。

タイトルに付けられた『宮田集』という表現については、私自身いささか躊躇《ためら》われましたが、高林さんから送られてきた原案コピーには、「なかなかカッコ良いとお思いになりませんか？」という注釈まで付けられていました。

実際には、いくつかの巻には新稿を加える必要もあり、約一年近い準備期間を経て――その間に各地での講演依頼の際のテーマとして引き受け、聴衆の反応までも見極めてから――ようやく刊行開始にまでこぎ着けることができました。

その『聖書の信仰』第一巻「あとがき」から。

私たちの読書会は、プロテスタント・カトリックといった教派の区別のないエキュメニカルな交わりですが、これまでキリスト教とは比較的縁のなかった一般学生や求道者も数多く参加してきました。したがって、私たちのあいだでは、聖書のテキストは、一人びとりの生き方にとって人生の指針をあたえてくれる書物として受けとめられてきたのでした。このたびの『聖書の信仰』七巻は、キリスト教の壁を越えて、一般の方々にも近づきやすいものとなっているのではないかと期待したいところです。

求道をうながすための準備（第一巻）から始め、聖書をテキストとした説教（第二巻）や聖書研究（第三巻）も、ともに人生論との結びつきを視野に入れて説かれています。とくに笑いやユーモアを主題とする分析（第六巻）は、聖書解釈の上で新しい視点を打ち出したものです。これまで、ふつうキリスト教は生真面目すぎるというイメージが抱かれてきたのではないでしょうか。そうした先入観を払拭して、むしろ、福音とは〈解放や喜びの使信〉であることを強調してみたつもりです。これは、私たちの研究会に参加するものを特徴づける共通理解の一つでもあります。

『国家と宗教』（第四巻）、『平和の福音』（第五巻）は、いずれも聖書的信仰から生みだされる社会的な視野と歴史的な責任の広がりを問題にしています。それは、一般に抱かれがちな〈宗教〉理解、すなわち、信仰を個人的な救いや慰めの問題としてのみとらえる狭い見方を越えさせるものでしょう。最後に、キリスト教美術や音楽をとりあげ、多くの作品の鑑賞と芸術家たちの信仰の生涯から、聖書の世界の豊かさを学ぶことにつとめてみました（第七巻）。

こうしてさまざまの分野から、さまざまの素材を多くとり入れ、全体として訓古注釈にとどまらない新しい〈聖書の信仰〉を紹介することを試みました。とはいえ、聖書の中に秘められた深く豊かな宝庫から何ほどのものを示すことができたか、あらためて自分の非力と貧しさとをふりかえらざるをえないところです（一九九六年二月）。

さらに『聖書の信仰』第七巻「あとがき」から。

先人たちに学び、その証しの継承を志す者として、この『聖書の信仰』によって、自分の信仰生活について一つの総括を果たしえたことは大きな喜びです。ただ、毎月一冊ずつ刊行することは、各巻に大小の新稿を加える必要もあり、予想していたよりもヘビーな作業でした。

この間、いわば〈最初の読者〉として、打てば響くように感想と反応を、終始、送信し続けてくださった編集者・高林寛子さんの柔らかいお励ましにたいして、また、このような信仰を表に出した固い著作集を刊行してくださった岩波書店と安江良介社長の理解ある御高配にたいして、心より謝意を表する次第です。最後に、全七巻のほとんどすべてについてワープロ浄書稿を作ってくれた妻の通子にたいしても、この機会に一言感謝を記します。

今年のクリスマスで私は、ちょうど受洗して満五〇年を迎えます。一年遅れて妻も、同じ四国の山間の小さい教会で洗礼を受けました。二人合わせて入信一〇〇年の日も近く、長い歳月にわたる神の恵みと導きを、あらためて思い起こさざるをえません。この『聖書と信仰』がそうした感謝のしるしとなることを願うものです（一九九六年八月）。

4 『地の塩』出版の頃——創文社と久保井理津男氏

私と創文社との直接のおつきあいは、一九五六年春に私が仙台に赴任してきたときに始まる。それまで、キリスト教出版物を通して創文社の名前は読者として私の脳裡に、すでにきざまれていた。久保井社長みずから、当時、仙台の町はずれに住んでいた私の陋屋まで足を運んでこられたのには驚かされ、また恐縮させられた。そして学術出版についての同社の理想と抱負とを力を込めて何時間か情熱的に弁じ立てられると、まだ駆け出しの研究者としては、いっぺんに参ってしまった。この出版社なら今後の自分の仕事を託するに足るといった若ものらしい感激を味わわされた。その後の観察では、久保井さんは、こうしたイメージづくりがなかなか上手な方だということに気付かされた。しかし、社長みずから乗り込んできて、こうした説得と宣伝とを続けられるということは、やはり、なかなか普通ではできないことだと思う。

その頃から、私は自宅を開放して学生たちのための聖書研究会をもつようになっていた。集会から最初の卒業生が出るようになると、その後の交流と情報伝達のために月毎にガリ版刷りの通信を出すようになった。「みちのく通信」と名付け、聖書講義のほかに時事問題の論評なども載せた。私の専門が政治学だったため、そうした面での学生たちとのつきあいもあったからだ。一九六〇年、安保闘争で日本中がわきたった年、仙台でも学内で先生方の研究会がもたれ、反対声明を発表し、東北大学教授団として、はじめて街頭デモに出た。むろん、「みちのく通信」誌上でもキリスト者の政治責任がしきりに論じられていた。

すでに二十数号と回を重ねた「通信」の文章を『地の塩――時代に生きる信仰』と題してまとめることになった。当時、代官町にあった創文社をはじめて訪ね、久保井社長に出版実務と発売方についてお願いした。「快く」引き受けてはくださったが、同氏からは痛い忠告を聞かされねばならなかった。「御専門のお仕事であれば、どんなに大きい本になっても喜んでお引受けします。しかし、こんなエッセイ集を先生の最初のお仕事としてお出しするのは先生御自身の将来のためにならないことで、自分としてはまことに心が重い」と。

それ以後二〇年、私たちの学生聖書研究会は、ずっと続けられてきた。「みちのく通信」も二〇〇号まで続けて一応うちどめにし、その後、年間二、三回発行する「一麦通信」に切りかえた。この通信は、創文社編集部の特別の御好意で立派な活字印刷の形をとっている。私はひそかにこう考える。久保井社長も、今では、聖書研究会にたいする私の情熱がけっして〈若気〉の〈一時的〉な思い付きではなかったことをみとめてくださっているのではなかろうか、と。

（『創文』一九八〇年八・九月合併号、所収）

〔追記〕

上掲のエッセイは、『創文』二〇〇号記念特集号の中の「MY・BOOK ——この一冊」の欄に載せた文章です。この記念号には、創文社に関わりのある多くの先生方の寄稿が掲載されています。中でも「対談」欄の丸山真男－世良晃志郎両先生の現代史認識の方法をめぐる議論が光っています。私は、一九五〇年代半ば、東北大学の世良先生のご紹介で創業したばかりの創文社社長の久保井理津男氏と初めて出会いました。そのとき、学術出版に対する高い志を聞かせていただいたとき以来、創文社から受けた長年のご厚誼を想起すると深い感慨と感謝の念を禁じえないものがあります。

赴任した最初の夏休み（一九五六年）には、涼しい仙台では避暑の必要を感じることもなく、自宅に踏みとどまり一夏を費やしてエルンスト・カッシーラー『国家の神話』の本文を一気に訳出しました。原書は著者がハンブルクからスウェーデン、さらにアメリカに亡命して執筆したナチズム批判の英文による遺著でした。翌年には一年がかりで訳稿を全面的に改訂し、さらに引用されている参照文献の原書にあたり、苦心して訳注を付け、創文社版「名著翻訳叢書」の一冊として刊行。私の最初の学術書となり版を重ねました（現在は、新装版が〈講談社学術文庫〉に入れられ、変わることなく、よく読まれているようです）。

こうした幾つかの翻訳書の中で、もっとも苦心したのは、ハインツ・E・テート教授の大著『ヒトラー政権の共犯者・犠牲者・反対者』の刊行です。これは、教授の最終講義の草稿にもとづいて教授の教え子の研究者たちが周到に協力・編集したものですが、最近のドイツにおける〈教会的現代史〉を代表する大作で、ドイツ教会闘争に関する〈決定版〉として数えられるべき名著の一つです。これには忘れがたい思い出があります。

ディートリヒ・ボンヘッファー生誕一〇〇年の記念講演のため、イルゼ夫人（ボンヘッファー全集監修者のお一人）が二〇〇五年に来日されたとき、この教授の遺著の編集に尽力された教え子の一人ディルク・シュルツ博士も同行してこられました。お会いしたとき、亡き教授の右の本についても話題になりました。この大冊の日本語版の発行部数が原著のそれを上回ることを知らされたシュルツ氏の口から、日本のキリスト教界の知的関心とレベルの高さへの感嘆の言葉が出てきたことには大いに驚かされました！

その他、創文社からは、これまで共同研究による『ドイツ教会闘争の研究』、『ヴァイマル共和国の政治思想』、『ナチ・ドイツの政治思想』などを次々と公刊してきました。いずれもドイツ近現代思想史にたいする関心を共有する内外の諸大学の研究者の協力に負うものです。これらの出版活動を世良先生がとても喜ばれ、東北大学法学部と創文社の協力による日本の学界にたいする大きな貢献として評価してくださっていたことも忘れがたいところです。

私自身にとっては、創文社と約束した最大の仕事が最晩年まで残されていました。それは、これまで内外の雑誌に発表してきたさまざまの論説を集大成する『思想史論集』（全八巻）の刊行でした。二〇〇六年の初回配本の第一巻から始まり、約一〇年がかりで、ようやく二〇一六年夏、最終配本の原稿を取りまとめて編集部に送り、校正を待つばかりという段階まで辿りつくことができました。

まさにその時点で、創文社を近く解散することになった、というビックリするお知らせが編集部の久保井正彰氏から電話で届いたのです。それに続けて、いただいた詳細なご挨拶状によって、創文社創業の理津男社長の精神を忠実に守り、学術専門書出版の志を継承され、活字文化の大きな転換期に全力をあげて頑張ってこられた苦心の程が記されていました。改めて事の重大さに衝撃を受け、ただただ深い敬意を覚えて頭を下げるほかありませんでした。

この最後までお世話になった八巻本の『思想史論集』には、学術的な論文集六巻が収録されています。

第一巻『平和思想史研究』は、古代から現代にいたる平和構想と戦争の論理を批判的に分析したもの。「平和の理念と理論、さらに実践論の集大成」（奥平康弘氏・評）、第二巻『キリスト教思想史研究』は、これまでしばしば論争の的になってきた「山上の説教」や「予定説」、さらに「教会と政治」など、重要な教理問題をめぐる解釈史・影響史の分析。第三巻『日本キリスト教思想史研究』は、近代日本のキリスト教史をドイツ語圏に紹介した留学中の講演や、その後、二〇年ごとに出版してきたドイツ文の小著を邦訳したもので、これには「補章」として、ヨーロッパの教会や神学者からの反響を示す代表的な書評を加えて訳してあります（とくに「あとがき」における第七章「現代日本の精神状況」解説、参照）。第四巻『カール・バルトとその時代』は、バルト生誕一〇〇年を記念した〈政治的評伝〉を柱に、彼の最終講義『キリスト教的生』の中から、もっとも魅力的な箇所を選んで精読・紹介した解説。さらに同時代を生きた思想家たちの紹介も加えました。第五巻『近代ドイツ政治思想史研究』は、講演「ドイツ近現代史のルター像」に始まり、私の就職論文となったカントの政治哲学やロマン主義の政治論などをふくむものです。第六巻『現代ドイツ政治思想史研究』は〈ヴァイマル時代〉から〈ナチ・ドイツ〉〈戦後の東西ドイツ〉〈統一ドイツ〉まで〈四つのドイツ〉にまたがる代表的な政治思想を通観したもの。

さらに、以上の六巻本とはやや性質の異なる二つの巻が続きます。

第七巻『同時代史論』は、一九六〇年代から二〇〇〇年代まで、総合雑誌、その他のために執筆した現代日本の精神状況にたいする時評的論説を集めたものです。いずれも状況批判にとどまらず、ヨーロッパと対比しながら比較思想史的観点から原理的な分析も加えてあります。それゆえ、時事的な評論集ではありますが、あえて『思想史論集』の最終巻として入れることも許されるだろう、と考えたわけです。

さらに別巻『ヨーロッパ思想史の旅』には、留学時代以来、これまで何度か試みた短期・長期のヨーロッパ研究旅行におけるさまざまの歴史的な〈人と土地との出会い〉を回想した文章を収録しました。同行してくれた親しい友人たちに、当時、冗談のように、私の〈フィールド・ワーク〉と呼んできた旅の記録です。訪ねた場所や事件の歴史的な状況や思想史的背景なども短く書き込んであり、『思想史論集』を補完する意味で、比較的親しみやすい読み物になっていると思います（現在は、創文社から出版された学術書の大部分の著作は、講談社の「創文社オンデマンド叢書」シリーズに入れられ刊行されています。『宮田光雄思想史論集』も、今なお折りにふれて新しい読者に読み継がれているようです）。

創文社からの最終回配本となった第五巻の巻末には、「あとがき」の最後にこう記しました。「こうした長い歳月をふり返ると、私の研究生活は、それを開始した若い日から、この度の『思想史論集』の最終の配本にいたるまで、創文社の歴史そのものと重なることを実感せざるをえない。この間を通して、私のこれらの仕事すべてを担当してくださった創文社編集部の久保井正顒氏の誠実な御尽力と変わらざる御好意とには、今さら言い表わすべき感謝の言葉を知らないほどである。また、この『論集』第一巻以来、著者以上に正確・丁寧に信頼できる校正作業を進めてくださった澤川おりが氏の御助けにたいしても、いま一度、改めてお礼を申し上げたい」と。

5 〈勇士は倒れたるかな！〉——同郷同窓の編集者・森岡巖氏

森岡巖氏は戦後日本のキリスト教ジャーナリストとして目覚ましい役割を果たした編集者の一人です。東大法学部卒業後、直ちに新教出版社に入社して一九四九年から二〇〇六年まで——その間に二四年間にわたり社長を務め——日本の文書伝道のために尽力しました。その中心は月刊誌『福音と世界』の編集でしたが、彼の属した信濃町教会に残る高倉徳太郎『福音的キリスト教』の伝統を踏まえ、現代世界に積極的に関わろうとする問題意識に貫かれていました（ちなみに、後年になって彼が執筆した『信濃町教会七十五年史』は、牧師中心ではない教会史記述の新しいモデルを提示した力作です）。

入社後、まもなくO・ブルーダー『嵐の中の教会——ヒトラーと闘った教会の物語』の翻訳を〈森平太〉というペンネームで連載して後、刊行（新教新書、一九六〇年。改訳版、一九八九年）。そこには、ドイツ教会闘争の紹介を通して、戦時中に何らの抵抗もなしえなかった日本の教会にたいする反省と批判が反映されています。これに続いて、当時、ドイツで出版されたばかりの『ボンヘッファー選集』（E・ベートゲ編集、全四巻）を読み進め、彼の生涯と闘いを『福音と世界』誌上に一五回にわたって連載。その完結後、『抵抗と服従の道』として一九六四年に刊行しています（新版、二〇〇四年）。その三年後、出版されたベートゲの大著『ボンヘッファー伝』（一九六七年）に先立って発表された森岡氏によるこの伝記は、日本からの独自の貢献として注目すべきものでしょう。

新教出版社からは一九六二年から数年がかりで、『現代キリスト教倫理』から『告白教会と世界教会』まで、全九巻の『ボンヘッファー選集』が出版され、多くの版を重ねています。（この選集の中の一冊『キリストに従う』は森岡訳によるもので、その思い入れのほどが判ります）。その後の『ボンヘッファー説教全集』（全三巻）、『ボンヘッファー聖書研究』（全二巻）などの編集・出版も森岡氏の熱意によるものでした。

森岡氏は、その生涯の最後に、それまで書いてこられた全著作の中から厳選された論集『ただ進み進みて――キリスト服従への道』を刊行しました（この副題も「前書き」によれば、むろん、ボンヘッファーにならったもの）。この論集には高倉徳太郎論、日本基督教団論、信徒論、ボンヘッファー研究、戦争責任告白や象徴天皇制論などが含まれています。どの論文も、客観的な表現にこだわる研究者の〈静謐な〉文章ではなく、自分の主体的な問題意識にもとづく力強い情熱的な訴え方を印象づけられます。

この自選の文集は、彼が生涯を通して関わってきた諸問題について集大成した〈総括〉と見なしうるものですが、私の許にも送られてきました。それは、亡くなられる一年ほど前のことでしたが、突然の訃報に接したとき、私は、森岡氏について、これまで抱かされてきた思いを表わす短い言葉で直ちに弔電を送りました。「勇士は倒れたるかな！」と。

〈同郷同窓の編集者〉と記しましたが、森岡さんは、高知市出身であり、私が属する土佐嶺北教会は、もともとは、彼の母教会である高知教会の伝道所として出発しました。敗戦直後、キリスト教ブームの時期に県下の教会青年会の代表者たちが集められたとき、私も旧制高校の学生として森岡さんと初めて顔を合わせたことを記憶しています。一九四八年に私が東大基督教青年会館に入寮するときも、応募者多数で大激戦になり、彼に助言を求めて高倉の『福音的キリスト教』を読んでおいたらよいのでは、と貸してもらいました。もっとも、面接審査では、もっぱら所属してきた学Y活動におけるこれまでの貢献度を問われ、神学的知識の有無は全く問題とはならず、唖然とした次第でした。

ちょっと脱線しますが、土佐人には二つのタイプがあることを学生時代に岡義武先生の講義の〈こぼれ話〉として聞いたことがあります。所信をどこまでも貫こうとする板垣退助型と、八方美人的に行動して所期の目的を手に入れようとする後藤象二郎型です。森岡さんから受けるのは、どちらかといえば前者に近く、土佐弁で口にされる〈いごっそう〉の典型（北大教授・深瀬忠一氏、評）という意見もあるようです（同氏自身、板垣型！）。

いずれにせよ、私が生まれて初めて活字によって自分の論文を発表できたのは、そんな御縁で、森岡さんが編集する教会雑誌上でした（「パウル・ティリッヒの政治的思惟」、『福音と世界』一九五二年一一月号、所載）。それ以後、新教出版社からは、大小さまざまの論文や著作を発表することになりました。本格的な学術書も出さなければ申し訳ない、とまとめたのが『十字架とハーケンクロイツ』（二〇〇〇年）と『ボンヘッファーとその時代——神学的・政治学的考察』（二〇〇七年）でした。

とくに後者について言えば、『福音と世界』誌上の〈書評者〉は、その前年に社長を小林望氏に交代したばかりの森岡さんでした。以下、その〈書評〉からの抜き書きですが、そこには、森岡さん御自身のボンヘッファー像が重ねられているのは自明のことでしょう。

> 1
>
> ディートリヒ・ボンヘッファーの生涯、その信仰・神学思想の全体像に迫る冒険を試みる上で、著者は最もふさわしい存在である。現代ドイツ政治思想史研究に最高の業績をあげ、ドイツ教会闘争に共同戦線をはったバルト、ボンヘッファーの政治思想史的・神学的

研究者として得た深い学殖と信仰が、そこに遺憾なく発揮されている。

本書は、ヒトラー・ドイツの政治的・思想的状況とボンヘッファーの生涯を外観の上、先ず彼の生前に刊行した最大の著書、『服従』（邦訳では『キリストに従う』）（一九三七年）に取り組むことから始め、さらにその双璧、『共に生きる生活』（一九三九年）が続く。その先駆けに、著者はボンヘッファーの一九四二年末頃の絶筆「一〇年後に」に注目をうながす。「一〇年後」とはヒトラー権力掌握後一〇年を指し、その歴史的・神学的総括草稿が奇跡的に探索を免れたものである。その事柄は暗号のような表現で書かれている。その問題性を示唆したのは、著者のハイデルベルクでの神学上の導師、テート教授だが、著者はボンヘッファーを読み進む時、そこに潜む発想の変化発展の中に、一貫した弁証法的成熟の道程を見、そこで試みられた冒険への勇気と、そこに読み取られる歴史的暗号の神学的・思想的到達点の現実性を提示する。それこそ、歴史と現実に大胆に立ち向かう市民的勇気と、終末論的希望に立つ楽観主義であり、それがボンヘッファーの著作を辿る上の導きの星になる。

2

『服従』の持つ新しさは、「高価な恵み」に象徴される。ボンヘッファーは、伝統的なルター主義の神学が陥った「安価な恵み」の信仰を克服する鍵として、キリストの十字架において現実化された恵みの高価性に生きる服従の世界、すなわち、義認と服従、信仰と行為の統一の現実化・具体化への道を発見する。それが「信じる者が従順であり、従順な者が信じる」告白教会の信仰と倫理になる。そしてそこから、服従する教会の信仰告白的な戦いと苦しみに耐える戦いを支える希望と勇気を鮮やかに示した。

『服従』第Ⅰ部「恵みと服従」の後半に置かれた「山上の説教」は、ボンヘッファーの神学的釈義による山上の説教の自由かつ大胆な講解であり、著者はそこでボンヘッファーと共に、キリストの十字架の戦いの勝利を信ずる者だけがこの戒めに聞き従う者となることを認める。それが、あの時代、聖書の現在化的解釈への試みとなる。

第Ⅱ部「イエス・キリストと教会」は、服従する教会の教会論であり、ボンヘッファーが労苦の限りをつくした告白教会の中でも、とりわけ地方の小さい教会（Gemeinde）で戦う牧師たちのために語られた教会論がその主軸をなす。教会を服従へと招くキリストが、教会を服従の主体とし、また服従の目標、服従の対象であることにおいて、教会がキリストであり、キリストが教会である。著者は、そういう服従する教会こそ、この世との関係を、「ナチ社会という具体的な生活世界の中で〈批判的な距離〉をとるための自由な空間を確保する試み」と見る。それが『服従』と『共に生きる生活』の誕生の場所、フィンケンヴァルデ牧師研究所が設立目的に掲げた「外なるものに奉仕するための、最も内面的なものへの集中」の精神の核心に他ならない。

『共に生きる生活』は、「共に生きる交わり」である個々の教会が生きて行くその生き方を、教会論として現実的・具体的に語ったユニークな神学作品である。著者が「一麦学寮」を建て、そこで長年にわたって若い青年学生と共に聖書を学びつつ共に生きる生活を営んできた経験が、その的確な理解と感動の言葉に反映していると言えよう。著者はそれを、「『服従』と並んで、あるいはそれ以上に、新しいキリスト教的スピリチュアリティ〈霊性〉を教える書物」と評価する一方、「キリスト者の交わりを、キリスト論の観点から、実に徹底して教えている」ことを指摘する。さらにボンヘッファー神学全体の中で、占める位置づけとして、獄中のボンヘッファーが最も重視した、「祈ることと人々の間で正義を行うこと」が、「『共に生きる生活』の根底にある基本的な問題意識と矛盾するものではなかった」と言う。そこには既に、後の『獄中書簡集』の時代、「集中的に問い続けた〈非宗教的世界においてキリスト者であること〉が、萌芽的に語られ」ていることを示唆し、そこにボンヘッファーの思想の一貫性・連続性と、『共に生きる生活』の現代性を見る指摘は見事である。

3

……なお、著者はマリーアとの往復書簡を通して、ボンヘッファーがその対話の中から、この世の此岸性に生きる人間性の真直中において神が認識されると認めていることを新しく聞き取り、それがあの〈新しい神学〉の構築の上で、新しい生の次元に新鮮な目を開くことを可能にしたと言うが、これはまことに美しい言葉ではないか。

4

……ひとこと著者の教示と訴えに答えて言えば、『十字架とハーケンクロイツ』（二〇〇〇年）以来、著者から深く教示を受けて来たことだが、ボンヘッファーを死に至るまで導いてきたものは、彼が自ら代表し、代理となった教会の負うべき罪責の功罪の告白が、その後の教会に果たした役割の重さであった。彼の政治的抵抗運動への参加の決断は、それを大きい出発点にしている。今日の危機に直面する日本の教会と神学も、ボンヘッファーに導かれて戦うべきだが、それはまさに同じ教会的罪責告白への決断から出発する以外にはない。

（『福音と世界』二〇〇七年七月号、所載）

Ⅳ　書評者との交わり

Mitsuo Miyata
DIE FREIHEIT KOMMT
VON DEN TOSA-BERGEN
Beiträge zur Überwindung
des Nationalismus in Japan und Deutschland
Lembeck

宮田光雄『自由は土佐の山間より——
日本とドイツにおけるナショナリズム克服のために』
Verlag Otto Lembeck, Frankfurt am Main, 2005
（本書130頁参照）

挿絵版画　ヨナ—1965　渡辺禎雄

1　時代と〈共に〉生きた文学者――大江健三郎氏

大江健三郎氏は、自分の生きた時代の問題を一身に受けとめて〈共に〉生きた文学者です。多くのすばらしい文学作品を書き、ノーベル文学賞を受賞した作家ですが、その傍らで時代の諸問題にたいしても批判的なたくさんの評論集を書き残しています。

大江氏は、四国山脈の谷間の村で敗戦を迎え、少年期には米軍占領下の改革で、〈皇民教育〉を一掃した〈戦後民主主義〉と呼ばれる中で育ち、若手作家としてデビュー。『ヒロシマ・ノート』『沖縄ノート』に見られる繊細な人間的感覚と鋭い時代批判力をもって、〈六〇年安保闘争〉に関わり、七〇年代以降、それを誹謗する反動的な風潮が強まる中で、〈日本国憲法の理念を否定する議論を聞く度に自己の人格を否定されるように感じる〉という民主主義者として積極的に発言し行動し続けました。

吉野川上流に位置する山間の町で生まれた私は、いわば四国山脈を隔てて北と南に向かいあって幼い日を過ごした大江氏の活躍に、かねてから強い親近感をもっていました。彼が私の

『非武装国民抵抗の思想』（岩波新書、一九七一年）を『週刊朝日』（一九七二年一月七日号）誌上で書評し、深い〈共感〉を示してくれたことに感激しました。

核兵器を中心にして展開する国際関係について……思い屈した市民にどのような書物が力づけを与えうるか。／著者は、いま世界は、核実験ではなく、人間の理性と良心の実験を必要とするのだ、という南原繁の言葉をひくことから、本書をはじめる。

第一章には、まず「そのような〈倫理的な〉決意」……すなわち、「平和憲法が、とくに核時代において、めざましい意味をもち続けていることを示す」。

本書でとくに重要な第二章については、「いわば〈学問的な〉トーン」があらわれていると記し、「核戦略の思想、エスカレーションの考え方は、……核戦争をふせぐ方向にむけて有効であるどころか、むしろ逆に、核戦争へと人類をみちびくことによって、はじめて論理的にまとまりのつく危険きわまりない〈迷信〉であることが、まことに広い範囲の資料の誠実な要約、分析によってあきらかにされる。核戦略という、いかにも〈現実主義的な〉科学性の化粧を身にまとってあらわれているが、じつは人間のものの考え方の発展の上で〈最悪の狂い咲き〉なのである。……これまで本書のように総合的で、かつ明瞭なハンドブックを手に入れることは、なかなか出来なかった。……〈軍備管理〉という、それなりに興味深い〈漸進主義的な〉考え方を提示し、かつ批判しながら、まっすぐに、ある国の核兵器の一方的な廃棄にしか、ついに人類の生存への出口はない、と結論づけるにいたる論理と志の勢いは感動的ですらある」。

さらに本書のタイトルと重なる第三章については、「〈実際的な〉非武装国民抵抗の構想である」と明言される。

いわば小著を〈理念〉〈理論〉〈実践〉を総括した本として紹介していたのでした。この書評を契機にして、大江さんと互いに新著を届け合う関係が暫く続いたのでした。大江さんからは評論集『鯨の死滅する日』（一九七二年）や署名入りの長編『同時代ゲーム』（一九七九年）などが送られてきました。

こうした中で、一九八〇年代に入り、文学者の間でも反核運動が高まる中で、大江さんは、全国大学生協の支援のもとに各地の大学を廻り、学生たちに訴える講演を続けていました。仙台では一九八二年五月一五日（土曜日）午後、東北大学生協の特別企画として川内記念講堂（定員一三〇〇名）を会場にして大集会が開かれました。その際、私が講師紹介をすることになったのです。当時、全国的に大学生協の読書推進運動が盛んになり、日頃、学生たちと読書会を続けていた私も、協力者として、この年の四月には同じ講堂で新入生歓迎の全学的な講演会をさせられていたからでした。

私は文学者大江健三郎氏を紹介する適任者ではないし、また紹介の必要もないと考えていると断った上で、しかし、大江氏には政治学的にも面白い作品があること、その一例として最近作の長編『同時代ゲーム』を取り上げ、この〈ユートピア文学〉のもつ〈高い現実性〉、すなわち、読者が現状追認や現実埋没の生き方から一歩踏みだし批判的に行動する可能性を学びうること。また大江氏が作家活動の他に市民運動家としても時代批判の多くの評論を書いていることも紹介し、この前日に出版されたばかりの『核の大火と人間の声』や『同時代論集』（岩波書店、全一〇巻、一九八〇―八一年）などを読むように奨めたのでした。そして私がこれまで大江氏から教えられてきたのは、彼がたえず言葉の可能性について新しい試みをしながら、思想的立場を変えることなく、戦後民主主義者として一貫してきた〈モラリティーの高さ〉である、と語ったのでした。

つづいて登壇した大江さんは、私の〈過剰な（?）賛辞《オマージュ》〉を軽く〈往《い》なす〉かのように、「ただいま紹介されました大江像を大江Aとするなら、ここで実際にお話しする私は大江Bであります」とユーモラスに自己紹介をして満場の笑いを引き起こしたのでした。「核時代を生きる君へ」と題された講演は、誠実な、しかしボソボソした口調で、一人びとりの主体的な自覚と責任を問い、暗い時代の中でも決して絶望してはならないと訴えるものでした。こうした〈人間の声〉に接した若い学生たちが大いに力づけられたことは確実です。

大江さんは、来仙されたとき、まず法学部研究室に訪ねてこられました。私が彼の長編作品の舞台になっている〈四国の森〉を近く訪ねたいという希望を口にすると、在郷の兄に案内させましょうと喜んで約束してくれました。この時の会話で記憶しているのは、大江さんから突然「宗教改革者ルターは画家クラーナハと日頃どんな話をしていたのでしょうか」と尋ねられて驚かされたことです。この前年に差上げた小著『宗教改革の精神』（創文社、一九八一年）を読んでいたからでしょうか。その後、私は、彼が若い時代からクラーナハの描いた女性像の裸体美について深い芸術的関心をもっていたことを知り、いっそう驚きました（大江健三郎「今日のクラナッハ」一九六二年）（なお、小著『ルターはヒトラーの先駆者だったか』の「クラーナハ論」に、その回答あり）。

『同時代ゲーム』は大江さんの会心作でしたが、なかなか一般には理解されないという思いをもったようです。数年後に、いっそう判りやすく改作した『M／Tと森のフシギの物語』（一九八六年）が出版され、私の許にも送られてきました（この二冊は、東北大学図書館の〈宮田文庫〉に入っています）。この改作された長編小説は海外でもよく読まれたらしく、ご本人の理解では、『M／Tと森のフシギの物語』と『万延元年のフットボール』が一九九四年秋のノーベル文学賞を決定づけた主要作品だったらしい。授賞理由は「詩的想像力により、現実と神話が密接に凝縮された想像の世界をつくりだし、現代における人間の様相を衝撃的に描いた」とされていました。

ストックホルムでの受賞記念講演は「あいまいな日本の私」と題されていました。先輩格のノーベル文学賞作家・川端康成氏の「美しい日本の私」を意識していたことは確実です。川端氏は伝統的な日本的美を重んじる作家として知られていますが、大江さんは、近代日本についてアジアでは侵略者、西欧世界には追随者として行動した問題性を鋭く厳しく自覚していたのです。記念講演の中で、そうした〈あいまいな日本の私〉が「人類全体の癒しと和解に、どのようにディーセントかつユマニスト的な貢献がなしうるものかを探りたい」と語ったのでした。

文学賞受賞後、一九九五年春には、彼が当時〈最後の小説〉と思い定めて執筆していた『燃え上がる緑の木』（三部作）が完成しました。ここでも、障害をもって生まれた長男をふくむ家族との共生、谷間の村の伝承的な〈神話の森〉で展開される共同体の形成という、これまでの長編小説のテーマが引き継がれています。しかし、この小説には、「魂のこと」として〈新しいスピリチュアリティ〉の問題も登場します。〈信仰なき者の祈り〉とは何か、真実な人生体験を集約した〈福音書〉による教会、最後には〈救い主〉に率いられて〈世界伝道〉の予行訓練として四国の原子力発電所（伊方原発を思わせる）まで行進し、集団の〈祈り〉の力で原発停止を実現しようと試みる、というような場面も描かれています。(この小説の出版直後に――彼の予見性を示すかのように――オウム真理教のサリン事件あり!)
大江作品では、この〈神話の森〉の物語にあらわれるように、作者自身によって、くり返し読み直され、書き換えられ、いわば前作にたいする注釈や変形として展開されています。大江さんは、それを〈エラボレーション〉(=入念な推敲)と呼んでいますが、そのため錯綜した構造をもつ作品世界を〈時代の転換〉との関わりの中で正確に読解するには、かなりの努力を要することも確かです。

東日本大震災の直後、大江さんは、当時『朝日新聞』の文化欄に毎月連載して、その後、出版された『定義集』(二〇一二年)の中に「私らに倫理的な根拠がある」と題して〈原発利用〉を終結させるべきだという評論を発表しています。この評論には、雑誌『世界』の特集号(=『生きよう!』二〇一一年五月)所収の――彼が〈共感〉したという――「敬愛する筆者たち」の論説にも言及していたのでした。その中には、私の友人である坂本義和氏の「日本国民は、人間のおごりの上に成り立つ、今の生き方、生活様式そのものを変革」すべきだ、という言葉に並べて、私の文章も引かれていました。「電力消費の問題一つとってみても、いわゆる豊かさを追い求めるのではなく、たとえ貧しくなろうとも、日常生活の不便さを忍んでも、人間らしく生きるとはどういうことか、真に生きることの意味を、今こそ深く問い続けなければなりません」と。

この大江氏さんの評論には、その後、脱原発を決断することになったドイツのメルケル首相に関する記事にも触れていましたが、この『朝日新聞』（二〇一二年一月一八日号）文化欄に添えられていた福田美蘭さんの挿絵には、中央にメルケル首相の似顔絵や雑誌『世界』の「生きよう！」と題する表紙絵の傍らに、坂本君と私と思われる人物の似顔絵まで描かれているのには苦笑させせられました。大江さん自身、この大震災を体験されてから後に、独特のスタイルで〈最後の最後の〉作品となった『晩年様式集《イン・レイト・スタイル》』（講談社、二〇一三年）を書いています。この長編小説は、最後に、いわば〈終末論的〉希望を示す詩の言葉で締めくくられていました。「小さいものらに、老人は答えたい、／私は生き直すことができない。しかし、私らは／生き直すことができる」と。

二〇二三年初め、大江さんの訃報に接したとき、この言葉にたいする私の〈共感〉を示すために小著『われ反抗す、ゆえにわれら在り』（岩波ブックレット、二〇一四年）を——たびたび思いつきながら——とうとう彼に送らなかったことを後悔しました。この小著は、大震災直後に——カミュ『ペスト』を再読して——〈現代の不条理な状況に如何に立ち向かうべきか〉についてて私なりに総括した小論でした。フランス文学に精通した作家へ門外漢によるカミュ読解の小著を送ることを躊躇《ためら》ったのでした。もっとも、このブックレットの底稿となった『世界』（二〇一四年一月号―四月号）に連載した小稿（＝「〈ペスト〉の時代にどう向き合うか」）は、多分、大江さんも眼を通していたのではないか、という期待も絶無ではなかったことも確かでした。

2　バルトと〈共に〉生きた信仰の証人――井上良雄先生

〔書評〕井上良雄『神の国の証人ブルームハルト父子』（新教出版社、一九八二年）

本書は、カール・バルトの研究と翻訳とを通して令名高い著者が、バルト神学の源流をたずねて試みたブルームハルト伝である。一〇年の歳月をかけて基礎資料を徹底的に渉猟し、また現地の探訪にもとづくこの本格的な研究は、おそらくこのテーマに関する〈古典〉的文献として長い生命をもつことであろう。

ブルームハルト父子は、ともに南西ドイツの敬虔主義を基礎として、その平信徒主義、聖書主義的敬虔などの伝統に養われて精神を形成した。しかし、著者が指摘するように、そこには、すでに敬虔主義的信仰における〈私的生活〉に偏しやすい狭隘さを克服する新しい思想の展開が見られる。

父ブルームハルトの場合、その決定的転回をあたえたのは、メットリンゲンでの神的な〈癒し〉の経験だった。しかし、著者は、それがふつう誤解されがちな異常な狂信から生まれたものではないことを実証的に論証している。むしろ、それはブルームハルトの聖と俗の関わりにたいする非陶酔的な態度から生まれた健康な信仰の姿を示すものだったという。しかも、この〈暗黒の力〉との闘いは、けっして恩寵の原理にもとづく観念的な〈模擬戦〉ではなく、実存を賭した〈肉薄戦〉だった。それが、「イエスは勝利者なり」という信仰告白の基礎体験をなしていた。

ブルームハルトは、こうした〈たましい〉と〈からだ〉の癒しの経験から、神が人間の内的回心のみでなく、全人格的解放を求めたもうことを知った。子ブルームハルトは、この信仰を、この世の現実の全次元にまで、社会と政治の問題にまで拡大した。彼は、当時の社会主義の運動に〈神の国〉の到来の終末論的なしるしを見た。彼は、無神論という党イデオロギーのゆえに教会から敵視されていた社会民主党に入党し、さらに州議会議員にも選出された。彼は、こうした行動のゆえに牧師職を辞することを恐れなかった。

このブルームハルト父子の信仰と行動の背景には、〈神の国〉の進展とそれにたいする〈人間の参与〉との関わりをめぐる独特の終末観が存在した。それは、静的に終末の日の到来を待望するのではなく、むしろ、人間の側の動的な生き方によって、その到来を促進する〈神人協力説〉（G・ザウター）とも見まがう終末論的姿勢である。とはいえ、そこには、たとえば二重予定説の拒否や被造物世界全体の普遍的な救済にたいする確信に示されるように、根本的な楽天観が支配的である。十字架によるイエスの勝利は完全であり、キリスト者は、ただ戦場での残敵掃討に従事する責任を問われているだけだという。こうした歴史意識は、「待ちつつ急ぎつつ」という、本書の副題にも選ばれたことばに象徴される通りである。

こうして「この世の只中に立ちつつ、この世のために働きつつ、それゆえにこそ断念することを許されない者のもつ特別の任務の自覚」のために、著者は、〈一種の秘義保持の訓練〉をブルームハルト父子の生涯から学びとることを求めているように思われる。興味深いのは、著者がこの伝記的研究の過程を通じて、当初、分析の座標軸としたバルトの解釈そのものを部分的に修正することを余儀なくされた、と語っているところであろう。「ひとつなるブルームハルト運動」に発する宗教社会主義と弁証法神学との関わりへの問いは、たんなる神学史的関心に尽きないものをもつ。それは、現代における宗教と社会、信仰と実践との関わりを問い直す批判的視点をふくんでいるからである。

（『週刊読書人』一九八二年八月二日号）

戦後日本の教会においてカール・バルトの神学が広く普及する上で、バルト『和解論』全巻の翻訳という井上先生の三〇年にわたるご労作の果たした重要な影響については異論のないところでしょう。しかし、注目すべき点は、井上先生にとっては、バルトの『教会教義学』の〈体系〉そのものではなしに、その実存的な読み方、すなわち、バルトの信じる〈生ける神〉のリアリティーこそ関心の的だった、ということです。前掲のブルームハルト父子の伝記を読むと、これまで十分に気付かれていなかったバルト神学のダイナミズムの根源にあった〈ブルームハルト的なもの〉にたいする先生の深い共感が認められます。それは、「幼児のような単純にして素朴な信仰」だったということです（!）。

井上先生にとってバルトは、まさに「神学者であるよりも先に、福音の証人であり、人生の教師であり、信仰の導師」以外の何者でもなかったのでした。一九六四年六月、プラーハの〈全キリスト者平和会議〉に日本代表として参加した後、バーゼルへ回り、バルトを訪問されました。同行した小川圭治氏の証言によれば、この最初にして最後のバルトとの対面は、「ただただ涙、涙」に尽きるものだったらしい。〈誠実さ〉を体現した井上先生らしさの現われた〈名場面〉（!）で、バルトにも深い印象をあたえたことでしょう。

井上先生によれば、戦後日本の教会史の中で、教会をゆさぶって来た問題の少なくとも一つが、〈教会と国家〉の問題であり、中でも戦時中の日本基督教団成立や戦争協力の問題でした。それに関して鈴木正久教団議長名で公表された「戦責告白」――先生御自身も草案の一つを提出されていた――をめぐる論争、それに繋がる東京神学大学をめぐる紛争など、いまだに混迷の中にあります。
先生の主張は、たとえば北森教授や赤岩牧師との論争にも示されているように、終始、バルト神学における〈教会と国家〉の立場に忠実に踏みとどまってこられました。そこには、いわばバルトと〈一体化〉して変わることのない〈井上－バルト〉とも言える姿勢が貫かれています。むろん、この問題は、私自身にとっても終世の課題であり、当時、ようやくまとめて公刊したのが『政治と宗教倫理』（岩波書店、一九七五年）でした。それは、井上先生の関心にも大きく響くところがあったようです。以下には、先生による論評から。

井上良雄「信仰告白と社会科学の対話」

宮田光雄氏がバルト神学に関心を持っていられることは、一九六一年に南原繁氏の古希記念論文集に寄稿されたころから知っていた。……しかし『思想』などに発表されてきた現代ヨーロッパの政治倫理に関する諸論文が全面的に加筆・整理され、五百数十ページの大冊として、昨年の暮に現われたときには、度肝を抜かれた。それは……ページ数にして恐らく本文の二割に及ぶと思われる註の豊富さに対する驚きあたりから始まる。その註の大部分は、本文に引用された書物や雑誌論文の出典の指示だが、それは、バルトの『教会教義学』のような浩瀚な書物から世界教会会議の会議資料のようなものにまで及ぶ。私のような者には、本文の方もさることながら、この註の部分が有益であったし、これからもこのお蔭をこうむることが多いだろう。

しかし、そのようなことはもちろん、この書物について言うべき一番外面的なことにすぎない。問題が神学書・社会科学書からのそのような博引旁証によってなされる現代プロテスタント神学の政治倫理の展開の仕方にあることは、言うまでもない。この書物の根幹がバルトの政治倫理の展開にあることは明らかだが、しかし宮田氏は、この書物を、単にバルトの政治倫理の祖述に終わらせていない。すなわち、まずバルトの『義認と法』の論議が依拠しているロマ書一三章における〈権威〉の天使論的解釈が、ケーゼマンの釈義に従えば支持しがたいものであることが語られ、〈第二次キリスト論的領域〉としてのバルトの国家理解が「ふたたび国家の形而上学と神話化に扉を開くことにならないだろうか」と問われ、……そのこととの関連で、バルトの陣営に属しつつルター的系譜の中にあったエルンスト・ヴォルフの政治倫理への共感が語られる。……「ここで問題なのは、けっして、国家の〈キリスト論的〉存在論ではない。……むしろ、国家の現存在と問題性とにたいして、〈キリストにある存在〉にふさわしく認識し、行動する態度決定の問題である」

と。

このようなヴォルフによるバルトのキリスト論的国家論に対する軌道修正が、展開というのが適当なのか批判というのが適当なのか分からないが、いずれにしてもそれは、従来この問題を漠然とバルトの線で考えて来た私のような者にとっても鋭い問いかけであって、今後……考え続けてゆかなければならない。……

宮田氏自身、本書出版後に東京で開かれた小さな集会で、このヴォルフについての部分を最も情熱を感じて書いたと言っておられたが、これは……読者にとってももっとも刺戟的な部分であることは間違いない。そして、さらに私は、そのようなヴォルフの政治倫理による開眼は、政治学者である宮田氏にとっては、特別な意味での解放であったのではないかと想像する。すなわち、そのようなヴォルフの政治倫理を媒介することによって、信仰告白と社会科学の積極的な対話の道が開かれ、……今日的な問題に対しても、キリスト論的という立場をふみはずすことなしに、有効な発言が可能となったのではないだろうか。それは、単なる神学者にも単なる社会科学者にも恐らく不可能な、信仰者としての政治学者宮田氏の独壇場のように思われる。……

いずれにしても、大変骨の折れる、しかしそれに報いるものを十分に具えた本書の通読を終わって、あらためて思うことは、……戦後三〇年のこの国の教会史の中で、教会をゆさぶって来た問題の少なくても一つが、まさに「政治と宗教倫理」の問題であったことは、間違いない。……教会を社会に対して閉鎖的な宗教集団としてしか考えようとしない教会理解が一方の極にあるのに対して、他方の極には、教会をただ社会的有効性という視点から評価しようという考え方があり、その間に実に種々雑多な意見が、述べられて来た。……今日の教会の混迷の責任の一端は、その辺にあると、私は思う。私たちそれぞれの方向性はちがうにしても、日本の教会の健全な将来への展望を願うならば、本書に示されているようなキリスト教政治倫理の今日における達成を検討することから始めなければならないだろう。

（『福音と世界』一九七六年二月号）

〔追記〕

この井上先生の〈問いかけ〉を再読して、その後、私なりに考え続けてきた〈お答え〉をバルトの〈没後五〇年に寄せて〉まとめた小論の一部を少し要約した形で以下に再録してみます。

バルトの『教義学要綱』の文章には、「神のユーモアの光の中では、われわれのいっさいの教会的行為は許されています。それればかりか、それは命じられているのです。こうして教会は、待ちつつ、また急ぎつつ、主の将来に向かって進んでいくのであります」(第二二講)と記されています。

終末の日にあらわれる神による〈大いなる平和と和解〉の希望に対応して、人間の側でも、その日まで地上の生において〈小なる平和と和解〉のしるしを打ち立てる責任があるのです。すなわち、「御国を来たらせたまえ」という〈終末論的な祈り〉(U・ケルトナー)は、二つの側面＝垂直的次元と水平的次元とをもっています。

一方では、「御国」を仰ぐことは、日常性のしがらみから〈いっそう高い次元〉に目を向け、自己の現実を超え出た立場に立ちうることを教えてくれます。したがってまた、周辺から迫る社会的圧力のままに流されたり、既成事実に屈服したりすることなく、闘っていく自由と気力をもつことができるのです。なぜなら、終末論的希望の光の中においては、当面させられている〈現実〉と言われるものも、最後決定的な不動の〈秩序〉のように受けとめることはできなくなるのですから。「世の出来事」は移ろいゆくものであり、つねに新しくそれを〈状況化〉させうる将来的な可能性に開かれているのです。

その際、注目されるのは、この世を批判的に認識する仕方について、バルト自身、『和解論』(第三分冊)を展開する中で、極めて重要な新しい方向づけをあたえていることです。この議論全体の冒頭に「提題《ライトザッツ》」として〈バルメン宣言第一テーゼ〉が掲げられていることも注目に価します。バルトは、神が啓示したもうた「生の光」との関わりの中で、それ以外の他のすべての被造物のもつ「もろもろの光」の固有性、その法則性と真理性について肯定的に論じようとしているのです。以下には、この議論から、とくにバルトの政治的リアリズムへの関わりについて触れてみましょう。

被造物世界の事物や出来事を「知性的に」観察するとき、その存在様式における「支配的な線」、すなわち、「経過・系列・連続・関連・連結」の中に同じ形での反復が生ずることが認められ、「相対的な必然性のための定式」＝規則が発見される。それらは、現実認識の「基礎または材料」となりうる「もろもろの光・言葉・真理」である、とされています。

むろん、それらは、バルトにとって、あくまでも「究極的妥当性」をもつものではなく、「暫定的な仮定」にすぎません。「懐疑的に見る」ことと「教条主義的に見る」こととのあいだの議論を続け、いっそう「深められ、補われ、正されねばならない」とされています。しかし、それらは、けっして過小評価されてはならないものなのです。なぜなら、それらの法則は、特定の限界づけられた場所と「文脈」の中におかれている限り、「相対的な妥当性」をもつ「もろもろの光・言葉・真理」であり、そのようなものとして「最高の実際的な価値と力と重要性」をもっているのだから。

　こうしてみれば、バルトにとっても、この世の生活領域のさまざまの分野で妥当する法則性――いわば《相対的な固有法則性》――をウェーバー的意味で《分析的カテゴリー》として用いることは可能であり、また不可欠なのです。やや一般化して表現すれば、人文・社会科学的認識の成果を「キリストにあって《エン・クリストウ》」主体的に活用する「信仰の光に照らされた理性」（E・ヴォルフ）にもとづく「政治的神奉仕」の可能性と言ってもよいでしょう。

　バルトは、その最終講義（＝『キリスト教的生』七八節）において「主《あるじ》なき諸権力」がその特有の力を展開する現実とダイナミックスを政治、経済、思想、技術、消費や享楽の日常生活というさまざまの次元に即して批判的に観察し分析しています。たとえば「マモンの支配」を扱った箇所では、貨幣と商品の〈物神化〉を批判していく中で、マルクス経済学の分析手法が――マルクス主義的世界観とは全く関わることなく――フレキシブルに用いられていることに気づかされます。こうして資本の保持と利潤の拡大がグローバル経済の実質的目標となり、「レヴァイアサンの支配」＝政治的絶対主義と結びつくところでは、いつでも冷たい戦争や流血の戦争が生まれてこざるをえない、と明言されています。

　しかし、バルトによれば、この強大さを誇る「主なき諸権力」も、人間にとって、けっして最後決定的＝絶対的な存在なのではない。それをバルトは「最後から一歩手前の敵」

と呼んでいます。すなわち、彼らは、すでに基本的にはイエス・キリストによって「限界づけられた権力」なのであり、〈存在論的〉に神なき権力となることは不可能なのだ、と断じられているのです。

〈主の祈り〉に待望される万物和解のメッセージは、それ自体で完結した自己目的なのではありません。万人の救いへの予定という出来事は、責任主体としての人間の応答を要求しているのです。「人間の混乱」によって破滅に向かって進む「世の出来事」の只中にあって！　しかし、「神の摂理」にたいする信頼に生きるとき、「力強く、落ち着いて、ユーモアをもって」行動することが許されているのです。否、バルト的に言えば、〈命じられている〉のです。

余りにも公然と〈虚　言《フェイクニュース》〉による支配が横行する〈ポスト真実〉の現代においてこそ、あの有名なバルトの〈最後の言葉〉が響いてきます。「意気消沈だけはしないでおこうよ！　決して！　治めていたまう方がおられるのだから。神が統治しておられるのだよ。だから心配はない、どんな暗い時にも。希望を失くさないようにしようよ。全世界にたいする希望を！」と。

これこそ、バルト没後五〇年の今、その生涯と思想から学ぶべき最も重要な課題ではないでしょうか。

〔付記〕

この「没後五〇年に寄せて」の小論タイトルには、「待ちつつ急ぎつつ」というバルトの愛唱句を用いました。井上先生にも、このタイトルの本があります。

バルトの信仰理解については、私は井上先生のご意見に全く賛成で、『教会教義学』の中にも〈ブルームハルト的なもの〉をバルトが文字通りに表現した文章があります。小著『カール・バルト』（岩波現代全書、二〇一四年）にも、そうした引用文をあちこちで紹介しています。この〈神学的・政治学的〉評伝もまた、バルト神学の〈体系〉ではなく、バルトの〈醒めた〉時代批判と的確な行動の〈根底にあるもの〉に迫ったつもりです。

ただし、〈宮田－バルト〉（最上敏樹氏・評）を特徴づけているのは、まさに〈神の愉快なパルチザン〉と自己規定したバルトの「力強く、落ち着いて、ユーモアをもって」闘った姿勢に注目した点にあります。それは、すでに小著『キリスト教と笑い』（岩波新書、一九九二年）の最終章でも論じてあり、当時、井上先生にも贈呈させていただいたのではあるが。――「バルトのユーモアは、神の自由な恵みにたいする根源的信頼に支えられ、それによって可能とされた福音的自由から生まれたものにほかならない」と。

3　日本教会史研究の先駆者――隅谷三喜男先生

〔書評〕隅谷三喜男『日本の信徒の〈神学〉』（日本キリスト教団出版局、二〇〇四年）

著者は日本の学界とともに日本のキリスト教界を代表する知識人また教会人である。その多方面にわたる社会的足跡について、いまさらここに紹介する必要はないであろう。

本書は、著者の絶筆をふくむ最後の著作であり、日本のキリスト教界にたいして残された著者の「遺言」（古屋安雄・巻末解説）にほかならない。未完に終わっているとはいえ、「序言」や予定されていた「目次」などを通して、著者の基本構想を十分にうかがい知ることができる。本書の第一部は「日本人とキリスト教」と題して著者の所属した日本キリスト教団代田教会における教会員向けの「キリスト教講座」を再録したもの。第二部は、既発表の原稿と未発表の草稿の中から表題に関わる文章を収録したものである。

この表題をみると、一九六〇年代に注目を浴びたオランダの宣教学者ヘンドリック・クレーマーの『信徒の神学』が思い出される。当時、来日したクレーマーは、宣教一〇〇年にすぎない日本の教会にある牧師中心主義を批判し、〈凍結した資本〉である信徒を活用すべきことを強くすすめた。その意味では、本書の第一部は、すぐれた信徒伝道者たる著者に積極的な働き場を提供したすばらしい実例となっている。

「聖書をどう読むか」という降誕節のメッセージの解釈や「十字架と復活」の信仰を論じた「結びに代えて」の文章などには、信徒神学者といってもよい著者の学識と敬虔とが光っている。とくに、各講座の最後におかれた参加者との一問一答は、行き届いた平明な語り口で「生活の中での信仰告白」を説得的に教えてくれる。ザッハリヒな表現にもかかわらず、「キリスト教は本当にすばらしい教えだ」という確信から語りかけずにはいられない著者の静かな情熱がひしひしと伝わってくる。

むろん、著者は一般的に〈信徒の神学〉について論じようとするのではない。「日本の信徒」のもつ信仰的・社会的特殊性に注目しつつ、宣教の課題の方向性を見定めようと提言しているのである。日本の教会と信徒は、同じアジアの中でも極めてユニークな特色をもっている。たとえば教会の都市集中、知識層中心の信徒、青年期の入信、社会人になると職業活動に専心する結果、教会との関係が切れて伝統的社会の中に埋没していくことなどが指摘される。カール・レーヴィットの有名な比喩を用いて描かれた〈二階建て〉の教会の姿は、まことに的確である。二階で準備される欧米仕込みの神学や説教では、一階で暮らす信徒の伝統的な生活様式を変革することがないという。

評者自身、みずからの信仰生活を顧みて多くのことを教えられた。とくに、日本の信徒の祈りには「懺悔」が乏しく、感謝と願いばかりだという指摘は鋭い。「日曜信者」に堕してしまい、週日の生活で「流れに逆らって生きる」ことをしない現実への「懺悔」なしには、真の赦しと解放も生まれてこないのだから。著者が重視する教団の「戦責告白」をめぐる論争にも、それが関わっていることはあきらかだろう。

『主の祈り』の解説では、「み国を来らせたまえ」と祈る以上、私たちも「日常的に神の国の実現のために働かなくてはならない」といい、それを考えないのは「私たちの怠慢」だという。その際、むろん、著者は「あたえられる」恵みが先行することを認めている。とはいえ、イエスの十字架上の悲痛な叫びに私たちの破れの現実を重ね合わせる必要を説き、「成し遂げられた」(ヨハネ一九・三〇)恵みばかりを見る危険性にも周到に言及される。

著者によれば、「社会の構造」は複雑に出来ているけれども、「弾力性」をもち、その「複雑さの中にもいろいろな関係のつけ方」、「種々の主体的な判断と選択の可能性」が「非常に広くある」という。ここには、困難な日本社会の宗教的・文化的状況の中で「泥にまみれてこの世に生きよ」と呼びかけ、「毎日」復活しながら、「罪の現実の只中に信仰の自由をもって入っていく」宣教への希望が暗示されているのではなかろうか。

（『本のひろば』二〇〇四年一〇月号）

〔追記〕

私が隅谷先生のお名前を知ったのは、かなり古く、名著として有名だった『近代日本の形成とキリスト教』（新教出版社、一九五〇年、初版。現在は、「新教新書」として収録）を通してでした。「キリスト教の歴史を、特にキリスト教会の歴史として、その社会的存在において捉え、かつこれを社会思想的に構成してみよう」と試みる画期的な本でした。当時、話題作の多かった「基督教論叢」の一冊として刊行され、社会科学と福音との関わりに関心をもつ学生たちの間では必読書と見なされていたものです。

自伝（隅谷三喜男『激動の時代を生きて——一社会科学者の回想』（岩波書店、二〇〇〇年））によれば、先生はキリスト者の家庭に育たれ、東大生時代にはマルクスの経済理論に深く学ばれ、治安維持法によって検挙・投獄された体験をもっています。卒業後、旧満州の鞍山製鉄所に入社、中国人労務者を担当する部署を選び、彼らと人間的に交流されたのです。戦後の学界では、労働経済学の研究者として東大教授となり、社会保障制度の確立のために貢献。とくに注目されるのは成田空港問題の解決のために〈隅谷調査団〉のリーダーとして平和的解決のための〈対話〉によって農民たちも納得する解決に導かれたという素晴らしい出来事です。このときには、過激派が先生の自宅に爆薬を仕掛けるような事件まで生じたのです。御自身の執筆された歴史的記録『成田の空と大地――闘争から共生への途』（岩波書店、一九九六年）も刊行されています。

隅谷先生と初めてお目にかかったのは、一九九一年の恵泉女学園での講演会でした。この学園の中高部の授業で私の岩波ジュニア新書が用いられ、親しみをもたれた先生方の強い希望によって招かれたのです。多分、グリム童話を素材にした人生論について話したのではなかったかと記憶しています。講演会の後、この学園の理事長をされていた先生からお声をかけられて驚かされました。尊敬する先生との出会いが〈童話〉の解説だったことに内心忸怩《じくじ》たる思いになりましたが、実は同じような経験もしているのです。

一九九五年の夏、信州の黒姫で東京ＯＢ会を中心に各地から四十数名が集まり、私たちの聖書研究会の修養会をもちました。そのプランの目玉として、黒姫童話館――ミヒャエル・エンデの原資料を収蔵している――で『モモに学ぶ』と題して公開講演会をすることも引き受けたのです。壇上に立つと、当日の会場は満員に近いたくさんの聴衆に驚かされました。さらに講演の後、司会者に促されて第一番に質問に立たれたのが御夫人と一緒に参加された隅谷先生だったことには、さらに驚かされました。後で伺ったところでは、黒姫に近い新潟県側には東京の知識人たちの山荘が多くあるとのことでした。児童館のチラシによって、いわば夏休みの〈退屈しのぎ〉に参加してくださった方々が大勢いたというわけです。『モモに学ぶ』では、私は最後にコヘレトの言葉「神のなさることは、すべて時に適って美しい」を引き、キリスト者として〈時のリズム〉に従って如何に生きるべきかを語ったのでした。「終末論的な生は、つねに歴史の中で責任をもって生きることだ」（「《時間の花》と共に——ミヒャエル・エンデの『モモ』に学ぶ」、『聖書の信仰』第一巻、収録）と。

立ち上がられた隅谷先生は、質問というよりも先生御自身の時間論を説かれたように思われました。時計の時間は等質だが〈時〉には厚みがある、流れるままに過ごされた時は空虚である。信仰者にとって〈この世の生〉とは時間という水平の軸とともに永遠に関わる垂直の軸もあり、同時に二つの側面から捉えるべきではないのか、と。むろん、私は同感のほかありませんでしたが、それにしても、隅谷先生とは、いつも〈童話〉の解説でお目にかかるのだなあ！と嘆息をつかざるをえませんでした。それでも、先生には、そんなことは問題ではなかったようでした。

隅谷先生は、そのエキュメニカルな教会活動の方面でも著名な存在で、「日本キリスト教海外医療協力会」（ＪＯＣＳ）の会長を務められ（『ＪＯＣＳ二五年史』の著者でもあります）、「アジアキリスト教教育基金」などの創設にも加わられ——私自身、すでにこれまで半世紀以上、それらの運動を支援する維持会員でもあるのですが——多くのキリスト教主義大学の学長や理事長などの役職も引き受けてこられました。

かなり大分前の話になりますが、ＪＯＣＳの会長を交代したいので引き受けてみないかという打診をしてこられたような（？）記憶ももっています。ただちに辞退して事なきを得たのは言うまでもありません。しかし、一九九二年春、私が東北大学を退職する時点では、再度、似たような話が持ち込まれたのです。あるキリスト教主義学校の学院長職について、希望する条件はすべて叶えるからと伝えられ、最後には先生自ら来仙されて、〈三顧の礼〉をとりましたとまで言われ、困惑しきった体験です。

そうした重ね重ねの非礼にもかかわらず、小著『聖書の信仰』出版に際しては、編集者の高林さん作成の宣伝用パンフレットのために、「日常性をこえた深い洞察力」という〈推薦の辞〉を快く書いてくださいました。先生の寛容なお人柄には、ただただ頭がさがるのみです。「宮田君は〈深い洞察力とユーモアは隣り合わせ〉と書いている。政治学者として『西ドイツの精神構造』などの名著を世に問う一方で、激動する歴史の中で〈いかに生きるべきか〉を模索している人びとには、その深い洞察力をもって、日常性を一歩越えた所に踏みこむ途を示すべく、聖書のことばを現代文化のさまざまの面にふれつつ、あたたかく語りかけている」と。

〈付記〉

実は、このパンフレットには、もうお一人、作家の三浦綾子さんの〈推薦の辞〉も載っています。三浦さんとは、一九九五年五月に一度だけお目にかかったことがあります。北海道の旭川六条教会から特別伝道集会の講演依頼を受けたとき、彼女のお宅を訪問できるように斡旋していただきました。三浦さんの小説は、私たちの読書会でも度々取り上げたことがあり、『塩狩峠』に感動した若者の中には、仙台から現地までバイクで往復する〈豪の者〉まで現われたほどでした。三浦さん御夫妻は私たち夫婦を暖かく迎えてくださり、翌日の講演会にも顔をみせられました。——〈推薦の辞〉『項目を見ただけで心躍る』「もし聖書にであわなかったら、私の人生はどうなっていたことか。聖書は尽きせぬ泉である。が、これを正しく理解するには優れた手引書を必要とする。この度、『宮田光雄集』発刊の企画を知った。そしてその項目を見ただけで私の心は躍った。氏の著作にもっと触れたいと思っていただけにうれしい。広く読まれることを切望する」。

4　〈書評〉による交わり――日本キリスト教史研究者・土肥昭夫氏との交流

〔書評〕土肥昭夫『歴史の証言――日本プロテスタント・キリスト教史より』（教文館、二〇〇四年）

著者・土肥昭夫氏は、わが国におけるもっとも代表的な日本キリスト教史家の一人であり、本書は、この十数年間の仕事から一五編の論文・講演を集大成したものである。「歴史の証言」という題名は、日本キリスト教史の中から「貴重な遺産として語り継ぐべきもの、他山の石として心に刻みつけるべきもの」をとり出し、それらとの「対話」を通して、今日の歩みを考えるための「一つの指針」を求めるところから由来する。したがって「過去の認識に基づく現在の提言」のための論集といってよい。

全体は、本書の基本的視点と方法論とを扱った序論「地域教会史論」につづいて、「諸教派の軌跡」を扱った第Ⅰ部と「キリスト教指導者――知識人の足跡」を扱った第Ⅱ部から構成される。この序論と第Ⅱ部冒頭の「草創期のキリスト教指導者の神学的動向」を扱った第八章とは、いわば、本書全体を概観する枠組をあたえ、そのあと各論的に各教派の特質や問題点、さらに具体的人物論が展開されている。本書では、いたるところで歴史家として資料を徹底的に博捜した著者の、いわば複眼的な分析を強く印象づけられる。その結果、これまでの公式的な歴史解釈や人物評価にたいしても大胆な異議申立がなされている。

一般読者にとっても関心が深いのは、第Ⅱ部の人物論、国家と宗教との対決や、その天皇制観の分析だろう。たとえば明治初期に果敢な批判を掲げた小崎弘道が天皇制国家の教学へと転換していった軌跡をはじめ、海老名弾正のキリスト教とナショナリズムとの癒着の分析など詳細かつ説得的である。しかし、その対極に立つ植村正久についても、彼の教育勅語批判の言動の中に、「天皇の署名入りの勅語を前にした内村の戦慄を理解できたであろうか」と鋭い眼を向けている。また明治から大正への代替わりにおける即位式・大嘗祭にたいして植村がそれを創造主にたいする感謝祭に組み変えた「見事なキリスト教土着化の発想」に注目しながらも、やはり問題を回避する「すり替え」だったと手厳しい。

有名なキリスト論をめぐる海老名‐植村論争についても、習合への誘惑をもつ海老名の側面に並んで、なお古代教会の三位一体論についての彼の信仰理解も指摘することを忘れていない。むしろ、いわゆる「新神学」、すなわち宗教史学派の提起したキリスト教の絶対性への問いかけや聖書批評の成果について、植村の処理で十分だったかと疑問を投げかけてもいる。さらに「二つのJ」への愛の緊張に生きた内村の無教会主義論が、「日本の教会にとってアウトサイダーに見える」としても「根源的にはインサイダーだったと考える」という断定。また一九〇〇年代初めの「大挙伝道」いらい教会が都市市民化したという隅谷三喜男説への異論。日本の精神伝統とキリスト教との関係についての武田清子の類型論にたいする疑問なども、資料を踏まえた重い問題提起となっている。

評者にとって特に興味深かったのは、大正デモクラシー期のキリスト者の政治論を扱った第一三章である。内村・植村のようにキリスト教を政治理論の批判的原理として受けとめる立場と、海老名－吉野作造－今中次麿のように、それを政治理論の基礎原理とみる立場とを対比して、その功罪を論じている。その二つの立場をいかに生かし、いかに克服するかというキリスト者と政治との関わりの問題を「日本プロテスタント・キリスト教史の歴史的課題としてさらに研究する」ことへの期待で結ばれている。しかし、そこには、たとえば一九七〇年代以後の「教会と法」をめぐる多くの闘争の実例の中から、「思想闘争をやり抜き」、「象徴天皇制を有名無実化する」闘いのための著者自身の基本的ストラテジーも垣間見えている。本書は、半世紀以上にわたるキリスト教史家による渾身の著作であり、次の世代にたいする遺言と評することもできよう。

（『週刊読書人』二〇〇四年九月一七日号、所載）

〔追記〕

土肥昭夫氏とは直接にお会いしたことはありませんでしたが、当時、私の定期購読していた『靖国・天皇制問題情報センター通信』（二〇〇四年No.27）誌上に同氏が連載しておられた文章（「〈シリーズ〉歴史の証言・近現代天皇制とキリスト教」）における「巻頭乃辞」の中に、以下のような紹介記事を見出して驚きました。

> 今月号はこれまでと趣を異にしたことを述べる。
> 仙台に宮田光雄氏（東北大学名誉教授）という日本におけるトップ・レベルの政治学者で篤信のキリスト者がおられることを、読者は御存知だろう。氏は最近『権威と服従――近代日本におけるローマ書十三章』（新教出版社）を刊行された。この聖書の箇所は天皇制国体に対するキリスト教の自己弁護としてしばしば利用された。……
> ここで申し上げたいことは、宮田先生のことである。仄聞するところによれば、先生は自宅の庭に寮を建て、東北大学の学生を迎え入れ、聖書研究会や読書会を開かれているという。そこで育てられた一人が新教出版社社長小林望氏である。氏は、九三年より『福音

と世界』を編集されているが、その頃より、同誌に先生の寄稿が増え、同社出版の図書に先生の著作がよく見られるようになった。厳しいキリスト教出版事情の中で良心的努力を重ねている愛弟子に対する先生の配慮がにじんでいるのである。私の知る西岡裕芳氏は東北大学卒業後、有名企業に就職したが、さまざまの煩悶の末、キリスト教に入信し、会社を辞め、その寮に寄寓した。そして伝道者の途を選び、同志社大学神学研究科修了後、牧師として現在活躍されている。彼が感謝のしるしとして謹呈した修士論文は先生の著作の中に紹介されている(〔前掲書〕二九頁以下)。これには彼も驚嘆したそうである。ここにも先生の誠実さが伺えるのである。

先生に学ぶのは次のことである。日本の軍事化、右傾化が暴走する中で私たちの靖国・天皇制の闘いもさらに厳しくなるだろう。その中で必要なことは、闘いの中における仲間の連帯意識である。共に闘う仲間としての配慮と助け合いが、今求められているのである。

直接の面識はありませんでしたが、「新教セミナーブック」にも入っている土肥昭夫氏の大著『日本プロテスタント・キリスト教史』(初版一九八〇年)は、私たちの読書会のテキストとして学んだこともあり、これまでの日本キリスト教史の〈通説〉的理解に対する著者の鋭い批判や問いかけには、いつも敬意を覚えてきました。前掲の小著の中でも何カ所かで土肥氏の著書からの引用や評価に触れています。その意味では、右の文章は、いわば〈書評〉誌面を通ずる〈交流〉であり、反ヤスクニ闘争のための互いのエールの交換といった趣もあるかも知れません。

小著『権威と服従』は、当初、私が予想していた以上に反響がありました。読者からの個人的な私信やさまざまの機関誌紙上における書評や意見の表明に接することになったのです。その一例として『キリスト新聞』（二〇〇四年一月二四日号）紙上における土肥昭夫氏（「評者・同志社大学名誉教授」）の文章から。

……著者（東北大学名誉教授）が長年にわたり考えてこられた〈ローマ書十三章解釈を柱とする近代日本キリスト教思想史論〉（三〇二頁）が本書である。

著者はかつて「国家と宗教――ヨーロッパ精神史におけるローマ書十三章」及び「権威と服従――天皇制ファシズムとローマ書十三章」（いずれも『宮田光雄集〈聖書の信仰〉Ⅳ』岩波書店、一九九六年、所収）を刊行されたが、その蓄積の上に後者の論文を約三倍に拡充して本書を完成された。

本書は、ローマ書一三章一―七節の釈義に始まる。その前後の文脈により、この服従は倫理的勧告であり、かつ終末的視点より相対的秩序としての国家の権威に服従することが求められている。ここで言う〈上に立つ権威〉は世俗的行政官や官吏のことであり、神の下に立てられた権威であり、決して宗教的権威と一体化された神聖秩序を意味しない。その服従も絶対的、無条件的服従ではなく、〈神の定め〉に基づき〈良心のために〉なされるものである。本書はこのような解釈を〈分析の視座〉として近代日本の天皇制国家に関わったキリスト者の足跡を検証する。

本書はD・ラーネッド、小崎弘道、田村直臣、植村正久、柏木義円、本多庸一、海老名弾正、次で内村鑑三、吉野作造などを、先述の視角から注意深く論述する。

しかし、その論議は、ナチス政権に立ち向かったK・バルトの神学的論理と行動を勘案しつつ、一九三〇年代より敗戦まで狂奔した天皇制国家に対する日本の神学者、牧師、社会科学研究に携わったキリスト者の対応に力点が置かれている。高倉徳太郎、中川景輝、畔上賢造、黒崎幸吉、塚本虎二、政池仁、谷口茂寿、中田重治、渡瀬定吉、今泉源吉、比屋根安定、魚木忠一、村田四郎、山谷省吾、松村克己、藤原藤雄、松谷義範、鈴木正久、桑田秀延、小塩力、福田正俊、熊野義孝、山本和、堀豊彦、大石兵太郎、南原繁、矢内原忠雄などがとりあげられる。特にバルト神学に傾倒し、ドイツ教会闘争の情報をかなり知りながら、戦時下のみならず戦後も自らの戦争責任を曖昧にしていった人たちに対する視線は厳しい。これまで話題になっても歴史研究の対象にならなかった人たちがここにふくまれているので、興味ある方は注目されるであろう。

戦後半世紀以上を経た現在、何とも不気味な様相を見せている戦後天皇制とそれに関わったキリスト教の歴史を、著者が同じ分析の視角で論究されることを期待するのは、筆者だけではないだろう。

〔付記〕

こうした中で、岩波書店の山口昭男社長からは、『権威と服従』を「面白く拝読いたしました」という感想とともに、この本が最初に『思想』に発表された論文を「ベースにしていた」ことにも触れて、「私どもでやりたかったですね」と残念がられました。数年後に、いわば増補版として出版されたのが『国家と宗教――ローマ書十三章解釈史・影響史の研究』（岩波書店、二〇一〇年）でした。

5　同郷同窓の〈作家〉精神病理学者——野田正彰氏

野田正彰氏との交わりは、彼が小著『宮田光雄集〈聖書の信仰〉』（全七巻）の発刊について、『朝日新聞』（一九九六年一〇月二七日号）読書欄に紹介してくださったことに始まります。

キリスト者としてドイツ政治思想史の研究に携わってきた宮田教授の定年退職後の著作集出版が続いている。キリスト者でない私は全七巻を読むゆとりはないが、ローマ書一三章をめぐって、戦前のキリスト者が天皇神権イデオロギーと妥協あるいは対決した思想史の考察には引き付けられる。文献の考察だけでなく、一般信者がどう考えていたのかも、いつか知りたい。

この書評者については、当時、民間航空史上最悪と騒がれた日航機の御巣鷹山事故をめぐる『喪の途上にて——大事故遺族の悲哀の研究』（岩波書店、一九九二年。講談社ノンフィクション賞受賞）の著者であることは承知していましたが、こうした関心をもっている方とは予想もしていませんでした。すっかり驚いて、早速、この小著を全巻お届けしたのでした。野田さんからは、折返し、これまた驚き、かつ恐縮されたこと、さらに「いつかお会い出来る機会がありましたら嬉しいのですが」という返信。実際にお会いできたのは東日本大震災後のことでしたが、その間に高知県出身の同郷者、さらに私の母校である土佐中学の同窓生であることも分かったのでした。

この間に、野田さんとの交わりを通して私が受けてきた深い印象は、彼の前半生を記した最近の自伝『社会と精神のゆらぎから』（講談社、二〇二〇年）でも全く変わらず、それを確証させられるものでした。〈作家〉とも自称する美しい練達の文章（『戯曲サビーナ』〔里文出版、二〇一四年〕というオペラの台本まであり）。精神病理学者として専門家の立場からする日本の医療現場にたいする辛辣・的確な批判。その反面では〈ただの人〉として優しい感性で多くの人びとに接するヒューマンな交流の姿など。以下には、それがよく現われていると思われる彼の著書にたいする私の読後感を再録してみましょう。

〔書評〕野田正彰『背後にある思考』（みすず書房、二〇〇三年）

こころ温められる、しかし、深く考えさせられるエッセイ集である。

著者は精神病理学者また人類学者。『喪の途上にて』『戦争と罪責』など、当事者への密着取材といってよいインタビューを通して、一人びとりの心のひだにひそむ問題を鋭く抉り出す精神分析の手法で知られる。

この本は、一九九九年秋から今年の春まで、三年半にわたって『信濃毎日新聞』のコラム欄「今日の視角」に書きつづられた文章一七〇回分をまとめて一冊にしたもの。

著者の「あとがき」によれば「いつも人間の精神の分析を経糸に、社会の問題を緯糸に、右から左へ、左から右へ、時代の織物を織っていたかのようだ」と記されている。とりあげられたテーマは、昨今の時事問題、著者の専門である医療から、政治や戦争、歴史や文学、環境や住居、園芸や料理、さらに現代美術や前衛舞踊にいたるまで、きわめて多彩。その関心の広さに驚かされるとともに、才気溢れる文章は、いずれも説得的で、快い。

たとえば「君が代・日の丸」の強制など、最近の非人間的な教育統制にたいする辛口の批判には、〈怒る人・反骨の人〉としての著者の風貌が、よく現われている。しかし、その傍らで、弱者や権利を奪われた者に対するいたわりと優しさに満ちた人でもあることがわかる。たとえば「犬猫病院の待合室で」白血病の愛猫を抱いたお婆さんとの何気ないやりとり。圧縮された短い文章にこめられた共感の物語は、こころ打つ短編小説のような余韻を残す。そして時どきの辺境への旅の報告。台湾や中国の奥地、シベリアのタイガやラップランドの森で静かに暮らす人たちとの暖かい出会い。その細やかな情景描写から、人間らしく生きる原点を回復する著者の姿がほのぼのと浮かび上がってくる。

「どんな時代であれ、美しい生き方をしている人間はたくさんいる」（あとがき）。暗く希望を失ったかに見える現代社会のただ中で、新しく生きる希望と力とを見いだすように励ましてくれる名エッセイ集。続刊が待たれる。

（『信濃毎日新聞』二〇〇三年八月二三日号）

〔書評〕野田正彰『虜囚の記憶』（みすず書房、二〇〇九年）

すでに同じ著者による一五年戦争下の日本軍兵士の加害責任について追及した『戦争と罪責』（岩波書店、一九九八年）は、よく知られている。本書は、それと対をなす第二部作にあたる。日本軍支配下の戦争被害者について史料と一人ひとりの聞き取りにもとづく画期的な分析である。もともと雑誌『世界』に二〇〇七年から二〇〇八年まで一四回にわたって連載された文章に大幅に加筆されたもの。

前編は中国人男性が受けた戦争犯罪の一つ強制連行を扱っている。なかでも花岡山蜂起事件の章では、〈和解〉裁判の経過についても補足資料を交えて詳細に伝えている。裁判のために賠償請求の形をとったが、原告が最も求めたのは日本政府と三井鉱山側の公式謝罪だった。蜂起指導者の掲げた「討回歴史公道」――歴史の公道を取り戻し、人間の尊厳を守ろう――という高い人倫の理想にたいして著者の抱く強い共感は、結果的に「背信の問題」を引き起こした被告側や関係協力者たちへの厳しい批判と表裏をなす。賠償要求は「時効」で消滅したとして敗訴になった。ここには、戦後一貫して自己の戦争責任を問うことをしなかった日本の司法文化の歪みが露呈していると言わなければならない。

後編では、中国人女性たちの受けた戦争犯罪――日本軍兵士たちの性暴力について扱われている。彼女たちは、六十数年を経た現在でも、なお「精神的外傷後ストレス障害」のほか、「破局的体験後の持続的人格変化」の後遺症に苦しんでいる。聞き取りのあと、著者は長期にわたり不眠に悩まされたという。生還した人の体験に感情移入しようとするため、その悲惨さが著者のうちで渦巻き過剰覚醒を引き起こすからだ。

しかし、著者は、被害者たちの強い無力感にたいして、「あなたは無力ではないし、生還し、生きぬいた人である」と深い尊敬を伝えることができるはずだ、と記している。彼女たちと食事を共にし、あるいは山里を訪ね、心身の医療相談にも与ってきたという著者の姿には、日本の罪責を体現する者の〈贖罪行〉の趣がある。

（『熊本日日新聞』二〇〇九年七月一二日号）

最後に、小著『同時代史論』（『思想史論集Ⅶ』創文社、二〇〇七年）にたいする〈同郷人〉の野田さんによる詳細な書評から末尾の文章だけ引いておきましょう。

本書の〈あとがき〉――「私の歩んできた道」に述べられているように、宮田光雄教授は高知県本山町の出身である。私も高知に生まれ、青年期、登山をしていたので、吉野川の流れる四国山脈の奥、本山町を歩くこともよくあった。また土佐中学校・高等学校の一六年先輩でもある。そんなことは、ずっと後になって知ったのだが、四国山脈の山と谷が先生と私の思索をともに育んでくれたような思いにとらわれる。

宮田先生は政治学を学び、ナチス・ドイツという社会を対象として、民衆心理学的基盤を研究されてきた。社会科学者として、ひとつの社会のなかに個々の人間を見てきたのである。私は精神医学、とりわけ精神病理学を学び、個々の人間の生活史、葛藤のなかに文化がどのように係わり、時代がいかに影響しているか、分析してきた。個人のなかに社会と時代を見てきた私は、社会と時代のなかに個人の精神の自由を追求してきた先生の著作に深い共感をおぼえる。ひとまわり以上遅れながら、宮田先生の同時代史は、われわれ戦後民主主義によって自我形成をしてきた者たちのものである、と強く感じる。

そして本書は、〈政治と宗教と教育〉の関連の歪みを分析するだけでなく、それを批判する者が保たねばならない革新的で禁欲的エートスについて教えている。六〇年の安保闘争をへて書かれた、第四章「現代デモクラシーの思想と行動」は、直接民主主義、院外野党の運動、市民的不服従、非暴力直接行動のそれぞれが、デモクラシーとどのような関係を持つのか、その正と負の機能について的確に分析し、市民を政治化していく啓蒙でなければならないことを説いている。私はこの章から、歴史への責任を自覚しない日本の政治に対するプロテスタント政治学者の怒り、その怒りを行動化することなく抑え、社会変革の希望を伝え続ける、宮田先生の精神の成熟に感動する。

「無知は力である」という反知性の時代にあって、私たちが宮田光雄とほぼ同じ時代認識をもって生きていると想えることは、なんと幸せなことか。

（『創文』二〇〇七年九月号）

〔付記〕

こうした深い理解と暖かい回想を寄せてくださった同郷同窓の友人をあたえられているとは〈何と幸せなことだろうか〉と、私自身も、感謝の念を禁じえない。

以下には、野田さんの書評に引かれている「私の歩んできた道」の冒頭の文章を転載してみました。これは私が帰郷してお話しさせられた記念講演の一節です。

私の記憶するところでは、本山町名誉町民になられた最初の方は、大原富枝さんです。日本でも最も著名な女流作家のお一人であり、本山町には、その優れた作品を記念する文学館が建てられています。

大原さんの文学作品には、その生い立ちの記をまとめた『吉野川』をはじめとして、本山町とも縁の深い野中兼山一族のことを扱った『婉という女』など、郷里と関係の深い作品がたくさんあります。この度、帰郷するに当たって、私は、あらためて大原さんの作品の幾つかを読み直しました。彼女の旧吉野村での生い立ちへの深い思いや、また『婉という女』に代表される女流作家としてのお仕事の素晴らしさに心打たれました。最近の日本文学では、もはや数少なくなった古典的とも言える優れた日本語の表現力、深い人間的な洞察力、長い歳月にわたって資料に当たり温められた熱い思いなど、ひしひしと伝わってきました。その意味では、本日の記念講演に最もふさわしかったのは大原さんだと確信しています。

本山町名誉町民第二号となられたのは山原健二郎さんです。日本共産党の衆議院議員団長として長年にわたり国政のため、また日本の民主主義と平和主義のため、とくに思想と教育の自由のために活躍なさいました。山原さんは、選挙では比例区からではなく、直接に選挙区から選ばれた方で、共産党の代議士としては、まことに全国的にも珍しいケースの一人でした。それだけ嶺北地方をはじめ、地元の方々に深く愛され信頼されておられたことが分かります。

山原さんは、実践的な政治家であっただけではなく、まことに豊かな教養と思想の人でもありました。よく絵筆をとられ、また短歌を作られて、いくつかの画文集も出版されています。その一つに、こんな短歌を記したものがあります。

「焦がれきて峠に立てば古里に
　花は吹雪きて心なごむも」

そこに描かれている水彩画のスケッチは、むろん、下津野の峠から望んだ本山町の全景です。吉野川にかかった本山大橋越しに、桜の名所若宮公園から、さらに上街公園の方向を眺めた情景を詠ったものです。

この下津野の峠から見た風景は、子どもだった頃から私の心に深く刻みつけられた古里のイメージなのです。私は小学校を卒業すると、高知の土佐中学に入り、その後、京都、東京と学びの場を変えました。学校が休暇になって本山へ帰って来るたびに、この峠から町のたたずまいを遠望して、「ああ、帰郷してきたのだなあ」という思いにさせられたものでした。山原さんのこの短歌は、私自身のこの感慨を実にぴったりと詠っています。

大先輩である名誉町民のお二方が亡くなられたあとで、残された第二号である私が本日ここに呼び出されたわけであります。日本有数の文学者。あるいは国政の舞台で活躍された政治家の大先輩には較ぶべくもありません。私は、もっぱら書斎の片隅で多くの時間を過ごしてきただけの一介の研究者、それも、まことに地味な思想史の研究者にすぎません。

しかし、二人の大先輩が、それぞれ人間としてのバックボーンとして、大原さんはカトリックの信仰を、山原さんはコミュニズムの思想をもっておられたと言えるならば、私もまたプロテスタントとしての信仰を自分の人生の座標軸にしてきました。本山町が、こうした山あいの町という狭い環境的制約を越えて、普遍的な思想や信仰という広い世界に開かれた人びとを育ててくださったこと、そうした人間を育てることの大切さに注目し続けてこられたことに、心から感謝するとともに、また深い敬意を覚える次第であります。

V 付録

1　吉野作造先生と私

1

皆さん、今日は！　古川の地までわざわざ足をお運びくださった皆さんの御熱意にたいして、まず心からの敬意を表します。さらにまた、こうした機会をあたえてくださった吉野作造記念館や関係の皆様の御好意にも感謝申し上げます。

今回、このような場所でお話しすることになりましたのは、私が吉野先生のお名前を冠する賞をいただいたことによるものですが、それは、すでに半世紀に近い大昔のことです。現在は、〈読売・吉野作造賞〉という名称に変更されていますが、当時は、まだ中央公論社が読売新聞傘下に入る前のことで、たんに〈吉野作造賞〉と呼ばれていました。

私が受賞するまで、すでに四回の授賞が行なわれ、第一回の受賞者には坂本義和君（私の東大研究室以来の親友ですが、日本における平和研究の代表者）、第二回には伊東光晴氏（現在なお活躍されている経済学者）、第三回には萩原延寿氏（大佛次郎賞も受けた著名な在野の歴史家）、第四回には永井道雄氏（文部大臣も務められた教育学者）、いずれも日本の思想界・言論界を代表する方々でした。私は一九七〇年の第五回目の受賞です。

こうした有名人の方々とは比ぶべくもない存在ですが、私には、受賞者として彼らとは違った一つのユニークな点があります。と言いますのは、私以前の受賞者や以後の受賞者は、いずれも吉野先生とは直接的な人間関係のない方々だったわけですが、私は——信仰的な立場を同じくするという点で——吉野先生に最も近い孫弟子に当たるからです。

私の東大研究室での指導教授は堀豊彦先生ですが、先生は、吉野先生が東大教授時代にその助手を務められ、吉野先生の助言に従ってヨーロッパ思想史を研究することになられた方であります。私は、その堀先生の許で近代ドイツ思想史を研究したのです。私が堀先生の知遇をあたえられたのは、堀先生が理事長をされた東大学生キリスト教青年会（東大ＹＭＣＡ）の寄宿舎に住まうことを許された御縁によるものです。

実は、この会館が建てられた頃、吉野先生ご自身が理事長をされ、お亡くなりになるまでその責任を引き受けておられました。この会館は、東大農学部に近い本郷追分町にあり、関東大震災にも第二次大戦中の東京大空襲にも耐え抜いた木筋四階建てのどっしりとした風格ある建物でした。設計者は、有名な近江兄弟社のメレル・ヴォーリズ氏で、主任監督を務めたのが遠藤新氏でした。帝国ホテルを建てた建築家ライトの愛弟子だった方です。

この会館には、吉野先生が大正デモクラシーや明治文化研究会のために講演会場として利用された広い部屋も設けられていました。研究会の後、先生は、会館に住む寮生たちと食堂で一緒に夕食を共にして、信仰のお話をされ親しい交わりをもたれたことも伝えられています。

私は一九八四年に東大法学部に入学しましたが、当時、戦争直後の東京では住宅難のため下宿探しに大変苦労しました。この会館に入れていただく選考は東大入試に合格するより以上に難しかったのです。私の記憶に間違いなければ、たまたま大学構内のサークル用掲示板で第四次寮生募集のポスターをみつけて応募しました。その時点では、すでに残りの空部屋は一室だけで募集人員は一名のみということでした。それにたいして集まってきた応募者は二〇人以上もあり、控え室で選考を待っている間、互いの顔を見合わせて、これではとても入れてはもらえそうにはないなと、一同、絶望的な気持ちになっていました。幸運にも、その難関を突破できたことは、その後の私の生涯を決定する恵みとなったわけであります。

そうした住宅事情のため、私の住むことになった会館三階の奥には客間と呼ばれる二つの特別室がありましたが、そこには、当時、二人の大先輩が暮らしておられました。一人は、東大文学部で教えておられた森有正先生で、後にパリに留学されフランスに生涯とどまるため東大を辞職された有名な哲学者です。いま一人は、その頃、新進気鋭の劇作家として知られるようになっていた木下順二氏でした。この二人の先輩は、かつての吉野先生同様に、時々、私たち学生と食堂で朝食を共になさることもあり、学生たちに大きな刺激をあたえてくださったのです。私は、いろんな関係から個人的にも森先生に親しくしていただき、拙いエッセイの論評を御願いしたこともあります。ある日の午後、先生からお誘いを受けて、ご一緒にドストエフスキーの『罪と罰』の映画を鑑賞したあと、喫茶店でコーヒーをご馳走になりながら話しあう時をもちました。臆面もなく下らぬ映画評を口にして、先生からやんわりと訂正され、内心大いに赤面したことなどもよく覚えています。

木下先輩は、当時、「ぶどうの会」という新しい演劇グループのため次々と新作を発表しておられ、その稽古場として東大ＹＭＣＡ会館の広い地下室を使っていました。毎年、一二月のクリスマス祝会の折には、その年の新しい入寮生は、来訪された先輩たちご家族の前で、祝会の出し物としてクリスマス劇を上演する決まりになっていました。そのための事前の練習の時に、「ぶどうの会」の俳優さんたちから演技指導をしていただくのが習わしになっていました。

私の入寮した年には、トルストイの民話を上演することになり、私に割り当てられたのは飲んだくれのロシア農民役でした。酒の杯をデーンとテーブルに叩きつける私の下手な酔いどれぶりを直すため、何度も何度も、その所作をくり返して示してくださったのは山本安英さんでした。後に『夕鶴』の主演女優として日本中に知られるようになった方であります。

＊

話を私の吉野賞に戻しましょう。授賞式は、一九七〇年一一月に帝国ホテルの大広間で開かれ、参加者延べ七〇〇名という華やかな会合で、大いに面食らいました。それは、雑誌『中央公論』創刊一〇〇〇号記念と、その年の谷崎潤一郎文学賞、吉野作造賞の授賞式とを兼ねたパーティーだったからです。このときの谷崎賞の受賞者は著名な埴谷雄高《はにやゆたか》氏と吉行淳之介氏でしたが、選考委員代表の武田泰淳氏は、丹羽文雄、大岡昇平、遠藤周作氏など列席している他の各選考委員の名前を挙げられ、それぞれの性格を浮き彫りにする見事な選考経過報告をされました。文学賞の会合ですから文壇の大御所、舟橋聖一氏はじめ、お歴々の顔ぶれが並び、まことに壮観な印象をあたえられました。中でも三島由紀夫氏の姿を身近に見て、ああこの人かと深く印象に残っています。この一週間後に、彼が市ヶ谷の自衛隊総監部で割腹自決することになろうとは参会者の誰も予感できなかったところでした。表彰式が始まるまで壇上に並ばされていたとき、私の横に座っていた埴谷雄高氏――のちに『死霊』など異色の文学作品で知られるようになられた作家・評論家ですが――から声をかけられ、私の今の思想的・文筆的立場を堅持するように励ましてくださったことも心に刻まれています。

この年に吉野賞を私と同時に受けたのは、入江昭氏でしたが、彼は、当時、アメリカの大学で教えていて出席できませんでした。『中央公論』編集部からの連絡で、受賞者一人だけでも出てきてほしいのだと強く要請されました。そのため、私だけが出席する羽目になり、ますます気が重くなってしまいました。

この時の吉野賞の選考委員には蠟山政道氏（政治学者）と中山伊知郎氏（経済学者）も加わっていましたが、委員会を代表して選考経過を述べられたのは、松本重治氏（著名な国際的ジャーナリストで、後の国際文化会館館長）でした。外交史の面では入江論文（「平和的発展主義と日本」）、内政面では宮田論文（「現代デモクラシーの思想と行動」）の二つが優れていたと、まことに淡々と報告されました。

表彰式の後は立食形式のパーティーで、会場のあちこちに分散して挨拶や歓談が交わされました。これには、堀豊彦先生も姿を見せて私にお祝いの言葉をくださいました。その時、私たち二人が話しあっている傍に近寄ってこられた松本重治氏から親しく声をかけられました。「今回の受賞を一番喜んでいるのは堀さんでしょうね」と。私も、吉野先生以来の東大YMCAとの関わりを思って、その言葉に心から同感したことでした。ところが、表彰式の翌日、挨拶のため中央公論社を訪ねたとき、編集長から驚くべき事実を教えられたのです。

今回の吉野賞の審査委員会は大荒れに荒れて、宮田論文を推薦する蠟山先生と入江論文を推す松本さんとの間で大論争が二時間もつづいた。どちらも譲ろうとせず、『中央公論』編集部としても、どう決めたらいいのか困惑しきっていた。結局、受賞者を二人にするということで一件落着となった。この論争の中身は、私の論文が議会制デモクラシーを否定するラディカルな立場だと断定する松本説に対して、蠟山先生は断固反対して、論文の筆者は議会制デモクラットだという主張をどこまでも変えられなかった。この間、中山委員は――経済学者なので――一言も発せず沈黙していたという。（これは、後でお話しするように蠟山説の方が正しい理解だったと言えます。）

それにしても、半世紀も昔の受賞者が今頃になって、のこのこ顔を出して、吉野作造記念館でこんな回想話をすることに訝しい思いをなさる方も、きっとおられるでしょう。そのわけを、ここでちょっと説明しておいた方がよいかもしれませんね。

現在はどうなっているか分かりませんが、当時は吉野賞には中央公論社から記念品として大きなドイツ製のウルゴス置時計が贈られていたのです。一五分ごとに時報が鳴り、ロンドンのウェストミンスター大聖堂の鐘の音色を聞かせるぜんまい仕掛けの時計でした。今では入手困難なアンティークです。少し時刻が遅れがちになったので、仙台の三原時計本店に修理に出したところ、今では珍しい貴重なものだと言われました。しかし、最近になって、再度問い合わせたところ、現在では、これを修理できる専門の技術者が仙台には一人もいなくなって直せないということでした。

そんなに珍しい時計なら、少し遅れがちになっているものでも、まだ動いているあいだに、どこかふさわしい場所へ寄贈できないものかと考えてきました。この度、吉野記念館に申し出たところ快諾していただき、すぐに受け取りに来られました。その折、ついでに記念講演もしてほしいという話になって、本日の会合に顔を出す羽目になったという次第です。長くなりましたが、以上は「前置き」のお話です（笑い）。

2

私の受賞論文は、先ほども話しましたように、「現代デモクラシーの思想と行動」と題するものです。一九六〇年代末、日本中に大学紛争が吹き荒れ、それが東北大学にも波及してきた頃のことです。当時、私は学生補導委員として〈夜討ち朝駆〉の会合に絶えず召集され、多忙を極める合間を縫って、雑誌『展望』のため緊急に執筆して編集部に送ったのが、この論文でした。

大学紛争は、この年五月の有名な〈パリの学生反乱〉に始まり、世界各地の先進工業社会で国際的に拡がっていったスチューデント・パワーによる運動の一環でした。そこに噴出する若いエネルギーによる〈反乱〉は、すでに大学の制度や教育の問題に限定されないで、時代と社会全体とに挑戦する急進的な異議申立にまで拡大されていきました。

当時の日本社会の場合、〈昭和元禄〉と呼ばれた物質万能の時代精神が瀰漫し、そうした退廃したムードにたいして若い人びとの間に深刻な懐疑と抗議が拡がっていたのです。高度成長と繁栄の仮面の裏側で、さまざまな人間疎外が進み、しかも革新勢力の運動によっても一向にそれが打破されそうにない〈体制閉塞〉にも似た政治状況が存在していました。こうした現実社会に希望を失った若者の批判は、停滞したかにみえる議会制デモクラシーの〈空洞化〉にたいして、全面的《トータル》な反対運動を呼号するようになっていたのです。

ラディカルな反体制運動は、やがて暴力に手を伸ばし、学生党派間の内ゲバを引き起こし、ついには連合赤軍事件のリンチによる殺人事件にきわまることになりました。当時、大江健三郎さんがトータルな否定ではなく戦後デモクラシーに残された〈空洞〉をさらに内実化していくことこそ重要ではないかと論じており、私も、それに全面的に共鳴していました。

私の論文は、こうした大学紛争の根底に横たわる戦後デモクラシーの危機とその原因を見極め、政治を国民の手に取り戻すためにはどうすべきかということを中心的テーマにしていました。戦後デモクラシーを〈虚妄〉としてトータルに否定するラディカルな体制変革の論理に立ち向かうための理論構築の試みでもありました。

私自身の立場は、国民主権の原理を再活性化するためには議会外の市民的抗議運動が不可欠であり、場合によっては、そこで生ずる政権側からの弾圧に対して市民的不服従のエートスをもって対峙し続けねばならないと考えていたのです。オールドリベラリストを自認される松本先生の目には、この点が議会制デモクラシーに消極的ないし否定的と映ったのではないかと思います。

その際、私の議論では、議会外の市民的抗議行動は、議会内における批判的な野党の活動と矛盾するものではなく、互いに連携し連動してこそ有効なものになると考えていました。すなわち、議会運営を牛耳る多数派の政府与党は、いつも「デモクラシー即多数決」だと唱え、採決さえすればよいと思っている。しかし、デモクラシーの真髄は少数者の言論の自由を尊重することにあり、採決の結果よりも、それにいたる審議過程を通して討議と批判を尽くすことこそ議会制デモクラシーの生命なのです。

政府与党の政策や立法が長期的に見て民衆多数の生活を危うくするような場合、議会の中でそれに反対する野党の存在は、民衆のための批判的な啓蒙活動として不可欠である。逆に、議会の外で行なわれる市民的抗議行動は、〈批判的な野党〉の活動を支えるために連帯し共闘するものなのだ、と当時も現在も、私は、そういう意見です。多数派に安易に同調するのが〈健全な野党〉なのでは決してない。たえず批判的に問題提起をし続ける〈真の野党〉の存在なしには、そもそも議会制デモクラシーは成り立たないのです。〈野党らしい野党〉こそ不可欠なのです。

*

実は、こうした私の受賞論文は、吉野先生の有名な「民本主義」論文の基本的主張と通底するところがあることに気づかされます。

吉野先生の〈民本主義〉が法律論上の国家主権の所在を括弧の中に入れて、——つまり、天皇主権か人民主権かを論じないで——デモクラシーを憲法運用上の原理として定義したものであることは、よく知られています。「憲政の目的は民衆の利福にあり、その方針の決定は民衆の意向による」という吉野先生の基本的主張については、ここで詳しく説明するまでもないでしょう。すなわち、民衆の自由で平和な生活を守ることを目的として、政策決定と権力行使には民衆の政治参加を欠くことはできないということです。当時の言葉では普通選挙権の実施ということが重要な政治目標となっていました。

この〈民本主義〉にたいしては、当時、社会主義者の側からは、天皇制批判を掲げない不徹底さとか階級的視点が欠如しているとか、その〈限界〉を指摘する声が多くありました。第二次大戦直後も、マルクス主義歴史学が隆盛をきわめていた頃には、吉野先生の立場が戦前の天皇大権に妥協した中途半端なデモクラットであるとして軽んじられていた時期もあったようです。面白い逸話が伝わっています。

一九五〇年に創立されて間もない日本政治学会で大正デモクラシーがテーマに取り上げられたことがあります。このとき、主題報告者になられた名古屋大学教授の信夫《しのぶ》清三郎氏が質疑応答の中で大上段な発言をされた。「皆さんは吉野先生がリベラリストだった、デモクラットだったと言われるけれども、そうじゃない。その証拠に吉野先生は天皇制を認めておられた」と。

その時、いつもは学会では何も発言されないで手をこまぬいておられる政治学会会長の南原繁先生が、珍しく「私も一つ意見がある」と発言して立ち上がられた。しかも前方に出られてこう言われた。「信夫君は、今あんなことを言われたが、本を読んで吉野先生を知っているだけだ。ちょうど、絵画きがモデルをデッサンだけ見ていると、実際の身体を見るのとは思い違えをするように、学問をする人間は、デッサンで見たようなことで全体的な批評をしてはいけません」と、いかにも南原調で叱られた。

その時、いま一人、珍しく河村又介先生も「僕もやる」と発言された。河村先生は、当時、最高裁判事をしておられた方ですが、その傍ら東大法学部の講師もされていました。私も先生の国法学＝比較憲法学の講義を受講したことがありますが、少し風変わりな授業だったのを覚えています。東大二五番教室という六〇〇人以上も学生を入れることもできる大教室を使っていました。河村先生は、入室して講壇に立たれると、メモを見ることも本を開くこともなく、目を閉じられたまま一時間半のあいだ滔々と講義される。すべての情報を自家薬籠中のように頭に入れて、まるで講義案を暗唱するかのような具合です。授業時間が終わると、そのまま一礼されて退出される。まことに名講義だなあと感嘆させられたものです。

この河村先生は、九州大学教授時代に憲法講座の担当で、その頃、法学部学生だった信夫さんも受講されたことがあるのではないかと思います。この河村先生が「信夫君！　君はもう一度勉強をし直しなさい！」と大喝された。この激烈な反対意見の開陳に学会メンバー一同は、すっかり驚かされてシンとしてしまった。演壇の下におられた学会理事の堀先生や名古屋大学の戸沢鉄彦教授などが、まあまあこの辺で討論を打ち切りましょうと宣言されて、その場を収められたのだそうです。

それ以後、『吉野作造著作集』や多くの大正デモクラシー研究書も出版されて来ましたので、こうした古い吉野像は、この間にかなり修正されてきたはずだ、と思っていました。しかし、現行の社会科教科書の中には、今でも吉野の〈民本主義〉は明治憲法と妥協したものであり、吉野は「不十分なデモクラット」である、と規定するような戦前以来の誤解を踏襲した教科書も出版されているようです（苅部直氏・評）。

私自身は、こう思うのです。私は、帝国ホテルの表彰式の際、受賞者としての発言を求められたとき、アメリカの代表的な神学者ラインホルド・ニーバーの〈馴らされた犬儒派《テイムド・シニック》〉＝〈冷笑家《シニック》〉という言葉を用いて挨拶しました。吉野作造先生も、ニーバーと同じく、そうした醒めた批判的精神の持ち主だったと言うべきだろう、と。〈飼い慣らされた〉、つまり、柔軟なシニックとして、行きすぎた冷淡さや先取りされた絶望などにとらわれないで、冷静に、即事的に、戦後デモクラシーの状況を見つめ直してみたい、と述べたのです。現在の私であれば、ニーバーよりもいっそう私の好きなカール・バルトの言葉を用いて「力強く、落ち着いて、ユーモアをもって」と言ったことでしょう。

たしかに、吉野先生の〈民本主義〉は、デモクラシー概念としては人民主権には触れなかった。天皇制の主権問題を括弧の外においたものです。しかし、それは、日本政治の重大な転換期にあって、当時、もっとも危険な藩閥官僚勢力や右翼の勢力にたいして対決を挑み、最も現実主義的な〈有効打〉を放つ論理として構想され、そのように明確に自覚されていたことは疑いありません。

さらにまた、大正デモクラシーからファッシズムに向かって社会全体の雰囲気が転換し始め、多くの知識人たちの中には、それまでとっていた左翼的な立場から国家主義や極右的な動向に同調する者さえ出てきました。こうした厳しい時代状況の中で、吉野先生自身は、一向に動ずることなく、その思想的立場にたいする忠実さを貫き通された。この端的な事実そのものも、自分の思想のもつ重さについて、私たちにとって無言の教訓を残されていると言えるでしょう。
吉野先生が〈天皇親政〉の美名の下に暴力をもってデモクラシーの言論を抹殺しようとする〈浪人会〉を向こうに回して立会演説会で対決し、木っ端微塵に論破されたことは、伝説のようによく知られています。それは、一九一八年一一月のことで、午後六時に始まり四時間つづいた大論争でした。相手は四人、こちらは只一人。しかし先生は、冷静に論理を尽くして、いたずらに激昂する四人の攻撃を完膚無きまでに論破されたのです。

私は浪人会一派の諸君が暴力を以て思想を圧迫せんとする態度を非難するのである。大阪朝日新聞や村山龍平氏の思想の内容が如何なるものであるかはしばらく論外である。如何なる思想にせよ、暴力を以て圧迫することは絶対に排斥せねばならない。思想に当るに暴力を以てすることは絶対に排斥せねばならない。思想に当るに暴力を以てすることは、それ自体に於いて既に暴行者が思想的敗北者たることを裏書きするものである。

さらに、続けて次のように畳みかけて言われるのです。

それもしかかる暴力を以て、或る種の思想に対する制裁の意味に於いて是認せんとするならば、問題はまた異なった内容をもって来る。立憲治下の我が国に於いては、国民の制裁をなす権限は天皇陛下にある。この陛下の赤子に対して個人が勝手に制裁を加えることが是認せられるならば、これこそ却って乱臣賊子ではないか。国体を破壊する者は浪人会一派の諸君の行動ではないか。

吉野先生の巧妙な論理は、絶対主義的な天皇親政説を逆手にとって相手を窮地においつめていることが分かります。しかし、それは、何よりも先生御自身の確固たる信念と鋭い知性とによるものでした。

この立会演説会には千数百人という多数の市民や学生たちがつめかけ、講壇の下で声なき声援を送り続けていました。学生たちは、もしも浪人会が暴力を振るうようなら、先生を守るため、いつでも飛び出せるように構えていたのです。先生を尊敬する学生たちは、やがて〈新人会〉という組織を立ち上げ、その思想を宣伝することになります。

「荒城の月」の作詞者として有名な詩人土井晩翠は、当時、仙台の第二高等学校教授でしたが、母校の東大生に寄せる賛歌を書き送っています。

その夕べ、光焰爛々《らんらん》とかがやきて／デモクラシーの声あぐる

青春の意気 空も焼くべし／幾千のむれ 義に勇み／自由のために博士をまもる。

浪人会をやっつけたときには、吉野先生は、彼らの主張する〈天皇絶対化〉の意見を逆手にとって論破されたわけですが、先生御自身の立場は、本来、そこにはなかったことは言うまでもありません。「我日本の国体は万国に冠絶する誠に立派なもので、之れを以て世界を支配すべく、決して世界に支配さるべきものでないと言ふやうな、一種の楽天論」を唱える者がいるが、「最も浅薄にして安価な」「子どもだまし」の議論である、と切り捨てておられます。こうした国粋論者の「精神的鎖国主義」こそが世界全体の滔々たる進歩から日本を遅らせ、落伍させる運命をもたらすのだ、と批判しているのです。

天皇の存在についても、浪人会の人びとが主張するように、「我が国の君主と、他の君主国の君主との間に根本的性質上の差ありとなすも、そは断じて誤りである。彼我の相違は皇室に対する民心の厚薄の程度の差に他ならぬ」と喝破されておられます。ここには、天孫降臨以来の血統といった天皇神聖観の一片もとどめていません。

それは、新約聖書のローマ書一三章で、使徒パウロが記している支配権者の〈世俗的〉性格の認識に通ずるものであると言うことができます。

3

こうした吉野先生の政治思想の根底にあったのは、仙台二高時代にミス・ブゼル先生のバイブルクラスに学び、上京してからは、先生が忠実に礼拝を守られた弓町本郷教会の海老名弾正牧師の説教から受けた影響が大きかったことはよく知られています。じっさい、吉野先生の主張は、海老名牧師のそれとほとんど相違がないようにみえます。たとえばキリスト教教義の合理的・啓蒙主義的なとらえ方、人間の霊性を重んじ、万人のうちに〈神の子〉をみる人類同胞への信頼、さらにキリスト教的責任にもとづく積極的な社会的・政治的発言など。

先生自身の回顧するところによれば、海老名牧師の説教に引きつけられたのは、「宗教上の神秘的な問題を科学的に、ことに歴史的に、快刀乱麻をたつの概をもって解いていく」「学問上の物事の考え方」だった、と記されています。終生にわたり師事された海老名牧師との関係の中で〈思考の仕方〉にたいして受けた影響が重要だったという言明は、まことに示唆的です。

それゆえにこそ、海老名牧師への傾倒にもかかわらず、吉野先生におけるキリスト教的人間観は、日本的特殊主義の枠組（＝日本人や日本の政治体制を特別視する考え方）を越えていたのです。当時、海老名牧師たちが推進されていた朝鮮人伝道にたいして、吉野先生が批判的だったことも注目に値します。

海老名牧師は、説教の中で朝鮮併合に言及して「大日本国の一部」として統治されることを「寧ろ其処を得しもの」（＝その分にふさわしい）と述べ、さらに組合教会の始めた朝鮮人伝道に関連して、キリスト教的「良心」による服従こそ真に日本帝国にたいする「忠良なる臣民」ならしめるものである、と主張していたのです。しかし、この朝鮮伝道は、日本の朝鮮総督府の政策と結びつき、その政治的機密費の援助を受けて進められていたことが知られています。

吉野先生の朝鮮伝道批判に関しては、――今回の吉野記念館の展示会のテーマでもある――安中教会との関わり、その教会牧師だった柏木義円牧師との交流が、きわめて重要です。柏木牧師は同志社を創立した新島襄先生が最も信頼していた教え子の一人です。安中教会に赴任して後、有名な『上毛教界月報』を発刊し、その中で日露戦争では非戦論を唱えるなど、鋭い社会批判を展開した人として知られています。一九一四年に吉野先生が安中教会で講演されたとき、初めて柏木牧師と出会い、その朝鮮伝道批判の論説に深く共鳴されたのです。後で述べますように今回の展示会には、柏木牧師に宛てた吉野先生のハガキも並べられているようです。

吉野先生の〈民本主義〉は、その原理の普遍性にもとづいて、対外的にも適用範囲を拡大していくことが可能だったのです。先生は、当時の五・四運動や三・一事件に象徴される中国や朝鮮のナショナリズムの新しい動向に理解を示されたばかりではありません。その反日ナショナリズムの中に流れている〈民本主義〉の精神と連帯することを恐れなかったのです。

それは、先生が、これらの運動の中に「国家の上に国家を指導すべき一段と高い原理に拠って立つ」ものを見られたからであり、まさにこの「同一の根本原理」にもとづいて、日本の植民地主義政策そのものの深い反省と根本的改革とを迫ることができたからでした。たとえば朝鮮の三・一独立運動について、雑誌『新人』（一九二〇年二月）誌上で、こう記されています。「朝鮮人の立場から言えば、日本の国法に反抗するということは、純粋の道徳的立場から観て強ち不逞の暴行ということは出来ない」と。すなわち、朝鮮の人びとが「祖国の回復を図る」ことを普遍的立場から承認されて、「日鮮両民族の本当の一致提携」を計ることを訴えているのです。

それは、当時の日本世論における〈二重基準《ダブル・スタンダード》〉＝《二重道徳》的欺瞞にたいして鋭く対立するものでした。当時、日本政府や主要なメディアは、一方では、アメリカやオーストラリアにおける日本移民排斥の人種差別政策の撤廃を声高く要求していました。しかしながら、自分の方では、アジアの人びとにたいする差別や偏見を一向に止めようとはしていなかったからです。

吉野先生は、一九二四年に、突如、東京帝国大学教授を辞職されます。病気や何らかのトラブルがあったからではなく、先生御自身の決断として朝日新聞社に入るためでした。この転職の理由について、生前には先生の口からは公にされることがありませんでした。後に明らかになったのは、中国や朝鮮からの留学生を御自身で支援されるため、いっそう給与の高い新聞社に移られたということでした。その前年に起こった関東大震災のために、それまで彼らの学費援助をしていた篤志家の支援ができなくなったことを知られて、先生は、御自分でそれを引き受けようと決意されたのです。

しかし、その後の事態の経過は思うように進みませんでした。朝日新聞入社後、先生は、いっそう積極的に言論・文筆活動に取り組まれ、当時の枢密院や軍部にたいする批判をくり返し展開されたのです。しかし、それは、政府側からの強い反撥を招くことになり、司法当局による起訴の動きさえ引き起こします。こうした政治的圧力を受けて、朝日入社後、わずか四か月で退社することを余儀なくされました。収入は激減し、先生御自身は、過労とストレスのため体調を崩され、その最晩年には、常時、病苦と闘いながら政治史研究と政治評論の仕事を続けざるをえなくなられたのです。そうした中で、先生が厳しい批判を提起されていた日本軍による満州侵略は、ますます本格化され続けます。

今回の吉野作造記念館の企画展示「自由を愛し、平和を貫く」では、学校法人新島学園で所蔵されていた「柏木義円宛吉野作造書簡」（一九三一年年一一月二三日）が展示されています。その手紙は次のような内容です。

満蒙問題に関する御論策には原則的に同感に堪へません　健康を損じ静養中のため緘黙を余儀なくされて居りますが御論策に依て私の言ひたい事の一半を道破された感がありま
す　十一月二十三日

この書簡の三か月前の九月一八日に勃発した満州事変に対し、柏木牧師は翌一〇月の『上毛教界月報』三九六号、一一月の三九七号で矢継ぎ早に痛烈な批判を展開していました。この書簡で吉野先生は、柏木牧師に対して「同感に堪えない」と賛意を送っています。健康を害し思うような活動のできない中で、吉野先生は柏木牧師との共闘を貫こうとしていたのです。

しかしその後、一九三三年初めには、国際連盟総会においてリットン報告書によって弾劾され、国際的に完全に孤立した日本政府は、国際連盟からの脱退を通告するにいたります。それは、吉野先生が亡くなられて一週間ほど後のことでした。それ以後、日本国内では天皇神格化によるファシズム化が加速され、アジア・太平洋戦争への道を転がり落ちていったのです。

＊

こうした先生の人格的生涯を示す逸話を最後に紹介して終わりとしましょう。

それは、私が東大YMCA会館にいた頃、理事長の堀豊彦先生から助手をされていた当時の思い出話として伺ったお話です。

ある晩、一〇時に近い頃、吉野先生が東大研究室からの帰途に会館に入ってこられて、「堀君、ちょっと困ったことができた。電車賃を六銭貸してくれないか」と唐突な申し出をされたことがあった。どうなされたのですかとお尋ねすると、こんな話をされたという。――実は歩いて帰っていたところが、農学部のあたりで四〇歳過ぎの婦人が付いてきて声をかけてきた。「先生は吉野作造先生でいらっしゃいますか」というので「はい」と返事すると、「どうか先生、私の話をちょっと聞いてください」と言われ、それから縷々《るる》として、非常に悲しい身上話をした。彼女は自分の体を売って暮らしているという。「こういう人間でも本当に立ち直ることができるものでしょうか。先生は立派なクリスチャンでいらっしゃると聞いています、どういうものでございましょう」と。

先生は「それは誰でも罪人ですから、私だって同じですよ」と答えられた。そしたら、その婦人は、有り難うございましたと涙を流して、どうか私の言う通りになってくださいと言った。先生は、農学部の門のところに行ってお祈りをした。一生懸命に祈られた。そして目を開けたら婦人がいなくなっていた。その間に綺麗さっぱりとポケットのお金をとられてしまっていた。

しかし、この話に吉野先生は、こうつけ加えられた。「他人を騙《だま》すってことはよくないことだけどもね、堀君。騙されるということも、決して誉められたことじゃないですよ」と。とくに注意しなきゃならんのは、「ああ大学の先生ですね」とか、「立派なクリスチャンでいらっしゃるそうですね」とか、まあいろいろ言われる。その時にね、人間というものは、やっぱりいい気になって調子に乗るものだ。それがいかん。その間にシャッとやられる。気をつけたまえ、と。

堀先生によれば、この話は、いかにも吉野先生らしい一面をよくあらわしている出来事だった、と結論しておられます。「それは吉野先生の教育のやり方で、私は、それをあれから何十年と忘れたことなく思い出しております」。

以上をもちまして、吉野作造先生の〈孫弟子〉としての私の記念講演を終わらせていただきます。御静聴有り難うございました。

（吉野作造記念館講演、二〇一六年一〇月一五日）

2　カール・バルトと子ども賛美歌

――宮田さんは、このたび神学者カール・バルトの評伝を書かれました。なぜ、いまバルトなのですか?

宮田　バルトは、スイスの生んだ二〇世紀最大のキリスト教神学者です。彼は、若き日に『ローマ書』の講解によって時代批判の〈預言者〉として登場し、さらにヒトラーに反対するドイツ教会闘争の金字塔「バルメン宣言」を起草して不屈の抵抗者となり、プロテスタンティズムの「神学大全」とも言われる大著『教会教義学』を世に残しました。

もう二年すれば、バルト没後五〇年になります。私は、自分の生涯で、信仰者としての信仰の面でも、政治思想の研究者としてはナチ・ドイツの研究の面でも、カール・バルトから最も大きな影響を受けました。この際、バルト先生の生涯を回顧する読みやすい書物をまとめて、その御恩に応えたいと考え、『カール・バルト――神の愉快なパルチザン』(岩波現代全書、二〇一五年)を出版しました。

バルトの生涯は多彩で、革命と戦争の時代の中で神学者として生きたわけですが、ナチズムやスターリニズム、戦後はアメリカのマッカーシズムといった、東西世界にわたる全体主義の危険に対して非常に明確な発言をしました。それで私は、この際、バルトの魅力的な闘いの生涯と思想をお伝えすることが、私たちが今、直面している暗い時代に生きていく上で励ましになるのではないかと考えました。

――ご自身もバルト本人にお会いになったことがあるとのことですが、その人間的魅力とは？

宮田　もう遠い昔、六〇年以上も前になります。私が留学時代に出会ったわけですが、バルトの最晩年の時期でした。お会いしてみると、気むずかしい大学者というイメージとはかけ離れて、実に気さくな老先生。若い日本の研究者を迎えて素直に喜ばれ、しかもユーモアをもつ優しい方という印象をあたえられました。それで当初は少し意外感を抱かされたのですが、お話しをしていると、書物で読んだ時と変わらない政治的批判の鋭さとか関心の高さに、とても感銘を受けました。

私が親近感をいっそう強めたのは、バーゼル大学における先生の授業に出席した時でした。これは、まことに幸運にもバルトの最終講義でした。終末論という歴史の最後の段階を目差しながら、われわれが今の時代をどのように生きるべきかということがテーマでした。一時間半ばかりの講義ですが、私が驚嘆したのは、バルトが微笑を浮かべながら種明かしをするアドリブのユーモアによって、教室全体が――最初から最後まで――笑いに包まれていたということです。偉大な神学者のもつ〈ゆとり〉というか、バルトの政治的な闘いの根底にあるユーモアの精神は彼の終末論的な信仰から来ているのだ、ということに改めて気づかされたのです。これまでも、バルトのゼミに参加した多くのすぐれた神学者の証言によれば――たとえばボンへッファーなど――「バルトの本を読んだだけでは彼の偉大さはわからない。彼の真の偉大さは著作の彼岸に立っている」と言われてきたのですが、私も全く同感です。

―― スイスのバーゼル出身のバルトがドイツの大学で教鞭をとるのは、ちょうどナチス・ドイツが台頭する時期と重なっています。反ナチ抵抗者として知られているバルトですが、その台頭をどのように受けとめ、どのように行動したのですか?

宮田 バルトがスイスの片田舎の小さな教会の牧師からドイツの大学で教鞭をとるようになるのはヴァイマル共和国時代の初期ですが、ヒトラーが権力を握った一九三三年にはドイツでも有数のボン大学に移っていました。すでに当時から学生たちに人気があり、神学部の講義としてはドイツ全国で最も多くの聴講者を集めていました。彼自身は、元来、スイスのデモクラシーを身につけていましたので、ヒトラー政権の成立を知ると『わが闘争』を初めて読み、ナチ党のもつ今後の大きな危険性を予見できたのです。

ヒトラー政権は、ヴァイマル憲法の緊急事態条項にもとづいて、ヒンデンブルク大統領の指名にもとづいて成立した保守党との連立内閣でした。ヒトラーをふくめ入閣したナチ党員は三名のみで、それゆえ保守党の領袖たちは、自分たちがヒトラーを自由に操れるものと考えていたのです。しかし、それは、とんでもない思い違いでした。

ヒトラーは、最初の閣議の数時間後に、他の閣僚の反対を抑えて国会を解散したのです。警察権力を手に入れ国家資金も全面的に活用できる態勢の下に、議席の絶対多数を占めるための選挙を始めたのです。その結果、ナチ党は連立与党をふくめて議会の三分の二以上を占めることになり、全権委任法＝「国民と国家の危難を除去する法律」を通すことができました。これは、「ヴァイマル憲法とは異なった法律制定」もできる条項をふくみ、ドイツ敗戦の日までナチ支配体制の基本法として機能したのです。

ひとたび全権を握ると、ナチ政権は、大量のプロパガンダと国家的テロによって民衆生活全体を統制していこうとします。「ハイル・ヒトラー」の敬礼、強制収容所、野党の解散、労働組合の強制的な再編成など。翌一九三四年八月に高齢の大統領ヒンデンブルクが亡くなると、その「遺言」と詐称して、ヒトラーは首相と大統領職を兼任し、それ以後、〈総統〉と公称されることになりました。むろん、これらすべての手続きは明白な憲法違反だったわけです。こうして権力の座についてから僅か一年半で独裁制が成立しました。

ナチ政権は、ドイツの教会も一般の民衆生活同様に統制下におこうと意図していました。ドイツの教会は、日本とは違って、大きな組織と長い歴史をもっていましたから、ヒトラーは慎重かつ巧妙に振舞いました。首相になった当初は、教会の自由を保証するとか、キリスト教は国家の柱であるとか、甘い言葉を繰り返します。しばしば聖書的な言葉を散りばめた演説も行ないました。教会人の間では、ナチ政権が共産主義から教会を守ってくれる最大の味方だと錯覚して、ヒトラーを礼賛する輪が拡がっていきました。第一次大戦後、敗戦とインフレなど窮乏と絶望に打ちひしがれていた民衆の目には、ヒトラーがドイツの偉大な〈救済者〉として映りました。それを神学的に根拠づけるグループまで出現します。

しかし、バルト自身は、当初から、ナチスの宗教政策が、さまざまの偽装のもとに、一歩一歩、教会弾圧を進めていく手法にすぎないことを見抜いていました。初めのうちは慎重だったヒトラーも、熱狂的な民衆人気が高まるにつれて、自分でもそれに陶酔し、しだいに自分が〈運命〉によって選ばれた存在ではないか、と思い込みはじめます。その結果、ついには自分の政策決定の〈無謬性〉を主張するようになり、ついには神から遣わされた特別の人間であると妄想するにいたるのです。

こうした中で教会闘争が生まれざるをえなくなったのです。ナチ政権は、ドイツ国民全体の〈強制的同質化〉の一環として、ドイツの教会をも党の支配下におき、ユダヤ系教職を教会から追放し、教会をナチ党の原則にならった国家的組織に改編しようとし始めました。ここに批判的・良心的なキリスト者が立ち上がり、これまでの〈国家教会〉組織から離れて、自由な〈告白教会〉に結集し、信仰の自由のために闘う運動を始めます。信仰の危機にたいして特別の信仰告白をつくって闘おうとしたのです。

その闘いにおける最初にして最大の成果が一九三四年五月の「バルメン宣言」でした。これは告白教会の代表者たちが、教派的立場の違いを越えて、全会一致で決議されました。この信仰告白原案の実質的な起草者はカール・バルトでした。私から見て政治学的に重要だと思われるのは、「バルメン宣言」では、国家が神聖な権威をもった絶対的秩序のような存在ではないこと、あくまでも一定の目的、すなわち、法の支配と民衆の平和な生活を守るために、神によって定められた〈機能的な秩序〉として規定されていることです。

——絶対的なものではない、と。

宮田　そうです。国家的権威は、一定の目的のために役立つものであり、したがって、その目的に反することが明らかになれば権威を失うのだ、ということを含んでいました。国家権力がもっているのは限定的な機能と権限にすぎず、それゆえにまた国民からは限定された信頼と服従しか要求しえないものである。国家秩序は決して永久不変なものではなく、政策の内容はつねに討論と批判の対象となり、改革と変革の可能性に開かれている、というわけです。ヒトラー自身は、〈総統崇拝〉を通して、国民が自分にのみ無条件で服従することを期待していました。しかし、バルメン宣言は、それを明確に否定したのです。すなわち、「人間に従うよりも神に従うべきである」と。

―― 明確に〈総統崇拝〉やヒトラーの政策に対して〈否〉を突きつけたとすると、バルトの身にもナチスからの排斥の手が伸びてくるのでは?

宮田　この間に、バルト追放の危険が迫っていました。問題視された点は二つあります。一つは「ハイル・ヒトラー」という〈ドイツ式敬礼〉でした。これは、ナチ党の初期に決められたもので、党の指導者にたいして「ヒトラー万歳」と挨拶させ、党員の結束と服従とを心理的に強制する方法でした。しかし、ひとたびヒトラー政権が成立すると、しだいに一般の人びとも、これまで街頭で「こんにちは」と挨拶していたのを止めて、「ハイル・ヒトラー」と右手を斜め上にあげる挨拶が増え始めたのです。

バルトは、そうした安易に同調していく周囲の変化を辛辣な目でみていました。たとえば友人宛の手紙の一節。「〈強制的同質化〉の分野では、毎日、つぎつぎと大きな素晴らしい奇跡が生じていますが、あまりにもたくさんなので、近いうちに私のところのカナリアやカメが、ある朝、小さな足を上げて小さな声で『ハイル!』とドイツ式敬礼をしたとしても驚くことはないでしょう」と。

バルト自身は、〈ドイツ式敬礼〉をしたくなかったし、それを巧妙に拒否しました。講義をするとき、教授が教室に入ってくると、ナチ同調者の学生たちが右手を上げながら、いっせいに起立する。学生たちが立ち上がったその瞬間に、いつもバルトは、さっと講壇の背後に身を屈め、「照明をつけなければならない」と呟きながら、ごそごそして挨拶を回避してしまう。それから身を起こすと賛美歌を歌い、その日の『ローズンゲン』を朗読してから講義を始める。学長から非難されても、彼は、自分の講義は、聖書のテキストを用いる説教風の礼拝だからいいのだ、と無視していました。

この〈ドイツ式敬礼〉よりも、いっそう重大視されたのは、ヒトラーにたいする〈宣誓拒否〉の問題でした。国立大学教授として〈総統〉ヒトラー個人にたいする「無条件的」な忠誠誓約が要求されたのです。バルトは、学長にたいして、宣誓そのものは行なう用意があること、ただし、「私が福音主義的キリスト者として、それに責任を負いうるかぎり」という言葉を付加した上で行なう旨を伝え、さらに文部省にたいして自分の要望を伝えるように依頼しました。しかし、大学当局は、突如、電話連絡によって、宣誓拒否のゆえにバルトの職務停止が即時発効したことを伝えてきました。バルトの講義は中止させられ、講義室は閉鎖されました。

この措置にたいして、バルトは巧妙な――裁判長も動揺するような――法廷闘争を続けます。しかし、やはり罷免判決が下される。その決定理由は、すでにあのような条件を付けて宣誓留保を思いついたことが、ナチ国家に対する忠誠の欠如を証明するものであり、「ドイツ青年の教師としてふさわしくない」ということだった、とバルトは記しています。彼は直ちにベルリン高等行政裁判所へ上訴します。この控訴審の判決は厳密な法解釈にもとづいて、罷免には当たらないものとして「給料の一部カット」だけだったのです。バルトは、こうした良心的な裁判官がなお存在していることに驚かされました。しかし、この「小さい奇跡」(バルト)も、最終的には文部大臣の命令にもとづいて否定されます。彼は、強制的に退職させられ、スイスに帰国することになりました。ドイツの大学を土曜日に免職された翌週の月曜日には、バルトは、バーゼル大学の教授に就任したのです。「したがって私は日曜日だけ失業者だった」と、彼はユーモラスに語っています。

――スイスでのバルトの闘いは、どのようだったのでしょうか?

宮田　スイスに帰ったバルトは、ドイツの教会闘争に直接に関わることが少なくなりました。その代わりに、彼は、いっそう精力的に多くの時間を執筆にあて、論文やエッセイ、講演などを通して、ナチズムにたいする精神的抵抗を基礎づけようと努めます。一九三九年夏に第二次大戦が始まると、ナチ・ドイツの侵略に脅かされ、占領下におかれた国々に向けて多くの公開書簡を書き送って激励しています。一例としてイギリスへの手紙。大戦の勝敗については、まだ決定的な予測のできない頃のものです。

バルトは、この手紙の最後に、バーゼルから僅か数キロメートル先にはすでにドイツ国境があり、「私たち自身にたいする脅威もまた、なおまったく別の形をとることもありうる(すなわち、ドイツ軍の侵略の危険)」と記しています。しかし、彼は、連合国側の勝利を確信し、事態全体の「最終的結末」については何らの疑いも持っていない、と断言するのです。「私たちすべての者の国籍は、いかなる事情の下でも天にあります。それ故にこそ、私たちは、今日、かくも焦眉の問題である地上的・政治的秩序の危機に対しても、快活な勇気を抱き、揺らぐことのない決意をもち続けることを許されているのです」。

「力強く、落ち着いて、ユーモアをもって」――バルトの闘いの基本的姿勢は一貫していることがわかります。この手紙の中で、バルトも、たしかに、当時の人びとが口にしたように「ヒトラーの魔性《デモニー》」という言葉を用いています。しかし、それは、彼自身がヒトラーを〈デーモン〉と考えて恐れていたのではないのです。「ヒトラーのあの企ては、その小狡さと活発な動きの中で、騒がしい物音と花火を伴いながら、悪戯好きの小さな妖精《コーボルト》が企てているようなものにすぎない」。バルトは、ヒトラーの狂暴な侵略政策に対しても怯えることなく、それを笑いとばしていたのです。

―― ヒトラーの時代の民衆は一方では熱狂し、あるいはナチスの支配に逆らいようもなく捲き込まれていくわけですが、そんな多くの人びとがいる中で、バルトが時代に対して非常に醒めた（＝酔っぱらっていない）眼を持ち続けることができたのは何故ですか？

宮田　この問いには大いに関心をそそられるところですね。それは、バルト神学の基本的な構造に関わっていたのです。

バルトが神学者として世に認められたのは、若き日のデビュー作『ローマ書』の講解によるものです。その出発点にある基調は、「神の〈神たること〉」、すなわち、人間にたいする「神の固有の存在と主権」を断乎として主張し、さらに人間の体験から出た信仰や文化理想をふくめて、「すべての被造物（＝神によって創造された万物）の神格化」を明確に否定することでした。バルトの極めて印象的な表現を用いるなら、人間のすべての行動の前には「神のマイナスという括弧」がつけられている、というのです。それは、人間中心の近代文明を謳歌し賛美する時代全体に対して痛烈な批判と警告を発するものでした。

そこから何が出てくるのか。「神のマイナスの括弧」によって、人間のすべての自己主張はイデオロギー的な絶対化を停止させられる。そのとき、人間は、いっさいの激情を失い、互いに角突き合わせて猪突猛進することをしなくなる。反対に、「神の言葉」が真剣に聞かれるところで、初めて自己絶対化や偶像崇拝から解放される。初めて人間は冷静さを取り戻す。物事を真にリアルに見つめるようになる。「誠実な人間性と世俗性」が生まれ、人間は「即事的」になる。「即事的」というのは、物事に即して冷静に客観的に見えるようになる、と言うことです。

こうして初めて天と地のあいだに「自由な活動の空間」が生まれるのだ、という。すなわち、そこでは、対立する双方の主張から絶対的な語調が消えて、比較的穏やかな態度で、絶対的ではなく相対的に、人間のさまざまの可能性について、ベストではなくてもベターな可能性について、考え行動する道が開かれるようになる。その時、初めて「政治が可能となるのだ」！これは、素晴らしい表現です。

こうした考え方は、「バルメン宣言」でも同じです。たとえば、〈国家とは異なった、国家より偉大なものが存在する。それは、約束された神の支配であり、これに較べて、地上の国家は、精々のところ暫定的・過渡的な存在にすぎない〉とされています。神の国への希望にもとづいて、逆に、地上的な課題＝国家や政治の問題に対して冷静に取り組み、ナチ・ドイツの教会統制を批判する自由も出てくる。すなわち「人間に従うよりも、神に従うべきである」という信仰的決断のリアリズムが可能となるのです。

これがバルト神学の基調なのです。バルト神学を集大成した『教会教義学』にも一貫しています。『教会教義学』は、単に神学的な教理やドグマを扱った本ではありません。同時代の出来事と周到に対話しながら神学の根本問題まで考え抜いた「徹頭徹尾、政治的な本」だ、と言われています。その一例。「神が一人であり、何ものも神に等しいものはない、という命題にまさって危険な革命的なものはない。神は一人であるという命題の真理に出会って、ヒトラーの第三帝国は挫折するであろう」。バルトがこの文章を書いたのは、ヒトラーがその最精鋭の軍事力を整えてヨーロッパに対する侵略戦争の牙をむき出しにした時点でした。バルト神学に批判的な評論家も、「ここにおいて神学者バルトは預言者になった」と言い、さらに「彼の預言は、われわれの眼前において実現された」と最大の賛辞を書き加えています。

――イデオロギーによらず、その物事を「即事的」に見るというバルトのスタイルは、その後も一貫していたのですか?

宮田　そうです。ドイツ敗戦後、バルトは、ドイツの人々を糾弾するのでなく、むしろ、過ちを犯してドン底に落ちたドイツに対して理解ある友人として発言します。「ドイツが健康を取り戻し再建する道を共に見いだす」ように激励と助言とを惜しみませんでした。ドイツ人は「少しばかりイギリスやスイスの模範にならって〈日常的政治〉を見つけるべきである」。「他の人と共に一つテーブルにつき、互いに語りあう」こと、「耳を傾けあい、一歩前進するために、有益で、さっぱりした妥協を見出だすことができれば、何と素晴らしいことか」。冷静な思考と責任ある行動とを共にすることのできる真に〈成人した国民〉にならなければならない、と訴えたのです。

バルトは、すでに戦争の終わった一九四五年夏、いち早くドイツを訪問して、教会闘争を担った友人や関係者と再会しました。こうした折に、ドイツの少壮の神学者が――曰くありげな目配せをして――語りかけてくるのを耳にしました。「われわれは第三帝国（＝ナチ・ドイツ）の時代にデーモンの目を直視したのです」と。このいかにも深刻そうな口ぶりに対して、バルトは、すかさず簡潔直截に、こう返答しました。「そのことは、しかし、デーモンには何らの感銘もあたえなかったようですね」。バルトは、こう反問せざるをえなかったのです。「なぜデーモンについてだけ口にするのですか。なぜ具体的に、われわれは政治的には愚かだった、と言わないのですか」と。ドイツ国民は一九三三年にヒトラーの下に屈従したとき「誤った道」を歩んだということ、そしてドイツの教会も「誤った発言や誤った沈黙によって、この誤りに対して共同の責任がある」ということを承認し、明確な声明を出すべきだ、と。

こうしたバルトの働きかけもあって、一九四五年一〇月、ドイツの福音主義教会の代表者たちは、世界の教会に向かって『シュトゥットガルト罪責告白』を公にしました。ヒトラー体制の成立にたいして、ドイツの国民と共に教会もまた連帯して責任をとらなければならない、という歴史的に有名な宣言です。

こうした醒めた目で事態を正しく見ようとするバルトの態度は、東西冷戦の時代にも変わることなく貫かれています。互いに軍備拡大を続けて敵対し合うのを止め、平和的に共存すべきことを訴え続けたのです。このバルトの見通しが正しかったことは、一九八〇年代末に明らかになりました。東の世界の国々で民主化が始まり、ついに東西の冷戦に終わりが告げられたのです。当時、バルトは、東西世界両側の核武装にも断固とした反対を公表しています。その際、彼は、原子核利用をめぐる「人間の罪」という言葉も用いていました。今日的視点からすれば、このバルトの批判は、すでに〈原発〉反対にも通じていると言ってよいものです。

――先ほど、バルトの信仰の中では、人間と神とは違うこと、人間の神格化を否定するという話でしたが、バルトにとって神とは人間から遠く離れた存在だったのですか。

宮田　なかなか難しい問題ですが、『ローマ書』では、確かにバルトは「神は神である」ことを徹底的に強調して、神と人間との「質的な相違」ということに力点を置いていました。しかし、その後、晩年のバルトは、人間存在の絶対化・神格化を批判することは止めませんでしたが、逆に、神が人間に近い存在であるということを強調するようになりました。それが「神の人間性」という後期バルト独特の言い方です。それは、「人間に対して神が関係をもち、身を向けたもうたこと。神が人間の神としてでなければ神であることを欲したまわないという神の恵み」を意味しています。端的に言えば、「神は、世界のため、人間のための神でありつつ、神である」ということです。これは人間にたいする神の圧倒的な恵みの大きさを示すものです。この神の恵みは、「信ずると否とに関わらず」キリスト教徒でなくても、すべての人に妥当する普遍的な神の恵みである、と強調しています。

その場合、とても重要だと思われるのは、この「神の人間性」にもとづいて、「人間とは何者なのか」ということが定義されるということです。バルトによれば、まずキリスト者は、〈神は人間のためにおられる〉ということの証人である。したがって、キリスト者は、「神の人間性」という根源的な事実にもとづいて、徹頭徹尾、ヒューマニストたらざるをえないのです。〈神が人間のためにおられる〉ということの故に、「人間の権利・人間の生命・人間の自由・人間の喜び」などが出てくるというのです。あえて言えば、私たち人間の「人間性」は「神の人間性」によってこそ基礎づけられ、可能になるというわけです。神の恵みと愛の下に立つことによって、初めて人間は人間らしく生きることを許されるのです！

『教会教義学』の中で、神の支配と摂理を論じて、バルトは「神が治めていたもう」という恵みの支配こそ、「世の出来事」についてキリスト教的に思考する場合の「最初の決定的な第一歩」であると断言しています。それこそが「すべてのことを包む括弧の前につけられたプラスの符号」である、と。若き日のバルトが『ローマ書』において、世の出来事と人間の行動すべての前に置かれた「神的マイナスの符号」を強調していたことを想起するなら、この「神的プラスの括弧」という新しい大胆すぎる規定には、アッと驚かざるをえないでしょう。

――今回お書きになった評伝のはじめに〈主われを愛す〉という有名な子ども賛美歌の話が出ています。これだけ偉大な神学者と子ども賛美歌の取り合わせ、少し意外にも感じましたが。

宮田　バルトは、バーゼル大学引退後まもなく、令息のマルクス・バルトの案内で数週間にわたるアメリカの旅をしました。各地で大歓迎を受けた旅の一齣に、とても面白い話があるのです。彼がシカゴ大学のチャペルで講演して、聴衆からの質問を受けます。すると一人の学生が立ち上がり、バルトのライフワークを短い言葉で要約できないか、と質問したのです。バルトの『教会教義学』は、刊行されているものだけでも全一三冊、九〇〇〇頁に及ぶものです。面白い質問だと思いますが、聴衆は、この学生の大胆さに息をのみます。しかし、バルトは、少しも困った顔を見せないで答えました。「よろしい、私が母の膝下で教わったことのある一つの歌の言葉で答えましょう」と。続けて彼の口から出たのは、世界中でよく知られた子ども賛美歌「主われを愛す。主は強ければ、われ弱くとも恐れはあらじ」（"Jesus loves me, this I know, for the Bible tells me so") の一句だったという。

実は、この面白い話は本当にあった出来事だったかどうか、一般的には知られていない事実のようでした。私の調べたところでも、海外のバルト研究者の中には、それを確認するために、インターネットを使って目撃証人を探している人もいましたから。その研究者自身、これは〈聖人伝説〉ではないかと、半信半疑のように見受けられました。しかし、この「逸話」は、まことによく出来ていて、私は心引かれるものがあると感じていました。それは、バルト神学の本質を正しく示しているからです。バルトの生涯を支えていたのは、聖書のメッセージ、すなわち、イエス・キリストの福音に対する「子どものような」素直な信頼だったのです。

この「主われを愛す」に関するバルトの話を、私は、冒頭でお話しした小著『カール・バルト』の「まえがき」に紹介しておきました。ところで、この本を読んだ読者からいただいた多くの手紙の中に、とても嬉しい情報が伝えられてきたのです。それは、私と同年の関田寛雄牧師から二度にわたって送られてきたお便りでした。

「これは本当にあった話です。その場に私自身いたのです」と書かれていて、大変驚かされました。この日、関田さんが留学していたマッコーミック神学校から四台のバスで大勢の学生たちがシカゴ大学に押しかけてきていたのです。その学生の質問に答えて、バルトが自分の神学は「主われを愛す」に尽きます、と断言した時に、学生たちのあいだから「どっと歓声と共に熱い拍手が起こったのを、今も、よく記憶しています」と。

これは、素晴らしい話だと思いました。じっさい、生涯を通してバルト自身は、イエス・キリストへの集中ということを眼目として神学を進めてきました。したがってまた、自分の神学によってバルト学派をつくることなど少しも望んではいませんでした。彼は、自分は《バルティアン》＝バルト主義者ではない、と口にすることを常としていたのです。

―― いま、私たちがバルトから学ぶものは何だとお考えでしょうか？

宮田　以上の話と結びつけて、「日本の友へ」宛てたバルトの手紙から引用しましょう。「どうか私の名〔カール・バルト〕を担ぎ上げないでいただきたい。それは、この世では興味ある名前は、ただ一つある〔すなわち、イエス・キリスト〕だけだから」と。「私の本から、あなた方がイエス・キリストに導かれる時にこそ、あなた方は、私を正しく理解したことになるのです」。この手紙には、さらにこう続けられているのです。

「良い神学者というものは、いつも自分の家〔＝立場〕から外に出ます。彼は、いつも途上にあります。彼は、神の遠い山々、神の高い山々、神の無限の海原を、眼前に眺めます。そして、まさにそうすることによって、西や東の世界の人びとを、親しい身近な人間仲間として見出し、彼らのために自分がイエス・キリストの証人として生きることが出来るのです」と。

この高きにいます神を仰ぎ見る信頼から生まれる「力強い」生き方。それによって無力感や劣等感から解放され、この世界の中で、自分の存在をかけがえのない一個人として受け入れることのできる「落ち着き」。こうした生き方から初めて同じ悩みをもつ他者に目をとめ、同じ人間仲間として連帯して生きていく「開かれた心」ももつことができるようになる、ということです。

バルトによれば、私たちは「他の人を喜ばせようとする時にだけ喜ぶことができる」。だから、喜びもまた、一つの「社会問題」だ、というのです。他人の不幸を喜ぶことからは、明るい喜びが生まれない。むしろ、他の人びとと共に明るく笑い、喜び合えるような人間関係や社会生活を作ることについて、私たちは責任があるのです。

現在、私たちの周りには暗い不安をかもし出す時代状況が取り囲んでいます。こうした中で、バルトの生涯を貫いた「力強く、落ち着いて、喜びをもって」生きていくという姿勢――この〈晴朗な精神〉をもつことこそ、いま、私たちがバルトから学ぶべき最も重要な事柄ではないでしょうか。どんなに困難が多くても、新しい未来の可能性に向かって希望と勇気とをもって生きていこう。

――今日はどうも有り難うございました。

（ＮＨＫ『宗教の時間』「われ弱くとも恐れはあらじ」（ききて・浅井靖子氏）二〇一六年七月を改稿）

あとがき

本書では、私の人生の大半の部分を占めてきた研究生活（＝政治思想史を神学思想史と重ねて理解する仕事）の中であたえられた、忘れがたい〈出会い〉の数々を報告したいと思いました。〈出会い〉については、マルティン・ブーバーが有名な論文『われと汝』の中で、「すべて真の生とは出会いである」という名言を残しています。ヨハネ福音書冒頭の「初めに言葉あり」を思わせる言い方で、「初めに出会いがあった」とも語っているのです。私たちは、〈汝〉と出会うことによって、はじめて〈われ〉となるのだからです。しかも、私たちが出会う個々の〈汝〉は、〈永遠の汝を垣間見る窓〉にすぎないとも言明されます。数多くの個々の〈汝との出会い〉は、ついには〈大いなる汝〉としての〈神との出会い〉に導く機縁と見なされているのです。

私自身、これまで、さまざまの〈出会い〉を通して学んできたのは、超越者にたいする畏敬の念をもち、普遍的なものへ開かれた心をもつことの大切さでした。私たちが〈にせもの〉にとらわれがちなのは、地上の出来事を絶対視するからでしょう。名誉であれ権力であれ、それを手に入れることを人生にとって至高の価値であり、そのために必死になって闘う決戦の場であるように思いこむことから熾烈な競争や焦りの心も生まれてくるのです。しかし、決してそうではないのです。そのようなありきたりの価値観を超えた世界があると知らされれば、人生や歴史の出来事を相対化する視点をあたえられ、心のゆとりが生まれ、ユーモアの精神も息づいてきます。

こうした連関で思い浮かぶのは、「最後から一歩手前の真剣さで真剣に生きる」というカール・バルトの言葉です。むろん、地上における不正や不当な事柄など、批判すべきものとは真剣に対決し批判しなければなりません。しかし、地上におけるその勝敗については、くよくよとこだわるべきではないでしょう。若い頃には、友人たちとしばしば時事問題をめぐって相手側が論破されたと認めるまで深夜にいたるまで議論を続けて嫌われたものでした。社会に出てからも、同僚への自己顕示の思いを払拭できないままでいたかもしれません。年を重ねるにつれて、素直さ、平凡さを恐れず、〈ただの人〉として自分を受け入れられるようになりました。自分が〈大いなる汝〉に支えられ生かされていることに気付くようになったからです。

〈メメント・モリ〉＝〈死を忘れるな！〉という、よく知られた旧いことわざがあります。この世の生は限定されたもの、有限なものです。かならず過ぎ去っていかざるをえない生であればこそ、日毎にあたえられている一日の生＝〈現在〉を貴重なものとして受けとり、それを充実させて〈ほんもの〉の生とすることを問われています。いま一度、バルトの言葉を引くなら、彼は、〈メメント・ドミニ〉＝〈主を忘れるな！〉ということを、いっそう力強く語っています。私たちが地上の生を終えて、もはやいなくなるところで、まさに〈主なる神〉が私たちの〈主〉として私たち一人びとりを待ち受けていたまう。それゆえに、死にたいして「恐れる必要がない」と断言されているのです。神の恵みとあわれみとの中で、神が私たち一人びとりの名前を呼びたまい、出迎えてくださるそのとき、私たちは、真にかけがえのない〈個〉として神と〈出会い〉、御前に立ち、その恵みに感謝し、応答する責任主体であり続けることを許されています。

＊

この最後の小著の刊行を快諾してくださった教文館の渡部満社長をはじめ、編集実務を迅速に進めてくださった出版部の方々のご協力にたいしても、こころより感謝いたします。

二〇二四年一〇月　仙台にて

宮田光雄

《著者紹介》

宮田光雄（みやた・みつお）

1928年高知県生まれ。東京大学法学部卒業。東北大学名誉教授。

主な著書は『西ドイツの精神構造』（学士院賞）、『政治と宗教倫理』、『ナチ・ドイツの精神構造』、『現代日本の民主主義』（吉野作造賞）、『非武装国民抵抗の思想』、『キリスト教と笑い』、『ナチ・ドイツと言語』、『聖書の信仰』（全7巻）、『国家と宗教』、『カール・バルト』、『ボンヘッファー』（以上、岩波書店）、『宮田光雄思想史論集』（全8巻、創文社）、『十字架とハーケンクロイツ』、『権威と服従』、『放蕩息子の精神史』、『良き力に不思議に守られて』（以上、新教出版社）他多数。

〈出会い〉の旅――わが師 わが友

2025年1月30日　初版発行

著　者　宮田光雄

発行者　渡部　満

発行所　株式会社　教文館

〒104-0061 東京都中央区銀座4-5-1　電話 03(3561)5549　FAX 03(5250)5107

URL http://www.kyobunkwan.co.jp/publishing/

印刷所　モリモト印刷株式会社

配給元　日キ販　〒112-0014　東京都文京区関口1-44-4

電話 03(3260)5670　FAX 03(3260)5637

ISBN978-4-7642-6183-9　Printed in Japan